好父母必修的8堂說話課

楊欣欣 ◎著

原書名：會說話的父母請舉手

前言

為人父母總是最關注孩子的前途、命運、人格、精神等，為了讓孩子擁有一個美好的未來，父母們可謂殫精竭慮、用心良苦。可是即便父母費盡口舌，孩子仍然我行我素，往往，可就苦了父母，到處喊冤：「如今的孩子真是越來越不聽話了！我這麼說，他偏那麼做！」、「我說一句，他頂撞十句，養個孩子簡直就是養了個冤家呀！」、「如果誰有辦法讓我的孩子聽話，我願意拜他為師！」……

在父母眼中，往往都是孩子的問題，是孩子太頑劣。平心而論，父母親也有責任，問題在於不懂溝通的藝術，沒有和孩子好好溝通。誰都愛聽好話，孩子也一樣。當父母會說話的時候，孩子才會聽話。

有這樣一個發生在身邊的故事：

一個孩子的學業成績總是不如意，爸爸、媽媽都很苦惱。一天，當孩子拿著「滿江紅」的試卷回到家中的時候，媽媽看了兩眼，很生氣地說：「一年不如一年，沒什麼好看的！」

兒子聽了，眉頭緊皺，好幾天都不願意和媽媽說一句話。

爸爸看到兒子的試卷，微微一笑，撫摸著兒子的頭，輕聲說：「你的資質不差，還考過全年級第一名。雖然現在成績出現退步，如果能夠每天進步一點點，一定能夠迎頭趕上！」

兒子聽了爸爸的話，神情為之一振，感覺心一下子和爸爸貼得很近很近。以後，無論遇到什麼困難，都願意和爸爸溝通。

以上故事中的爸爸和媽媽是秉持不同教育觀念的人，從說話的方式來看，一個會說話，一個不會說話。從聽者的角度來講，孩子和會說話的爸爸關係更近，也就是爸爸更能夠與兒子進行有效溝通，兒子更聽得進爸爸的話。

如果每位家長在與孩子溝通的過程中，都能像爸爸那樣，那麼，很多教育難題都將不再成為問題。

很多家庭親子教育不成功，很大原因是源於父母不懂語言運用的技巧。為人父母者一句句傷害孩子的話語，彷彿一支支無形的箭矢，深深扎入孩子的心靈，成為「不良少年」產生的誘因。當翻開這本書的時候，讀者會發現，該是父母改變自己，學習溝通技巧的時候了！

真正有效的教育，需要透過父母正確的價值引導和孩子的自主建構共同完成。而這個過程的實現，離不開有效的親子溝通。只有父母掌握了說話的技巧，把握好與孩子溝通的每個契機，建立起孩子對自己的信任，孩子對家長教育的叛逆行為才會減少。

如何才能成為會說話的父母呢？簡單來說，就是以尊重為基礎，從愛出發，巧妙誇獎，適度點撥，賞罰分明，秉持養育身心健康孩子的原則，不發惡言、不出惡氣、不武斷、不縱容、不溺愛，多鼓勵、多啟發、多溝通。

當然，很多理念並不是這樣簡單說明就可以概括明瞭的，特別是針對孩子教育問題更需要家長多花心思。

本書精心收集了四十八位善於親子溝通父母親的成功教育精華，把其養育過程中最具代表性和現實意義的案例集結成書。四十八位父母，儼然四十八位教育專家，既有科學的理論又有實際日常生活的例子，指導性強、實用價值高，堪稱現代親子教育的典範之作，非常值得一讀！

Contents

3 會說話的父母善點撥，鼓勵孩子插上騰飛的翅膀

4 會說話的父母耐心詢問，培養孩子好心態

Contents

1

會說話的父母告訴你：

誇獎是孩子成長的「營養劑」

在孩子學習和成長的過程中，由於年齡和閱歷的因素，還無法清楚地確認自我價值，此時，孩子的價值判斷標準以及所有對自我的肯定與否定大部分來自他們最信賴的父母，而父母的誇獎則是刺激孩子成長不可缺少的元素。

一・家庭教育的祕訣：多誇獎孩子

有人說：「孩子都是自己的好！」沒錯，如果有誰批評自己家孩子不好，做父母的一定會橫眉豎立，恨不得把對方痛揍一頓！父母對孩子如此憐愛，是不是當今的每個孩子都在父母的誇獎中，幸福地成長呢？

事實並非如此，有相當大一部分孩子在父母的貶損中生活。薇薇就是一位這樣的小女孩。

薇薇以前並沒有接觸過西洋棋，雖然媽媽跟她說學習西洋棋是一件有趣的事情，對她的成長很有好處。但是第一次去上課，她還是不願離開媽媽身邊，說什麼也不願意走進教室。

媽媽生氣了，沉下臉說：「妳怎麼這麼沒出息呢？讓妳學西洋棋妳就害怕成這樣！」

媽媽這麼一喊，引起很多小朋友和家長都抬頭望了過來。

第一次被那麼多雙眼睛注視著，薇薇感到手足無措，低下頭開始輕輕抽泣。媽媽沒有辦法只好帶著薇薇回家了。

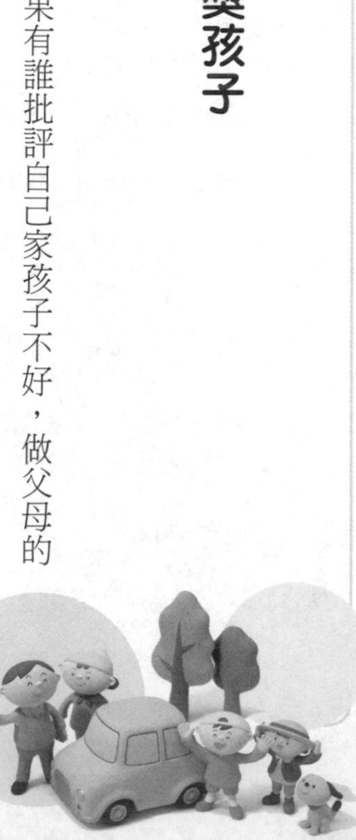

每個孩子都需要父母細心呵護，特別是性格柔弱的小女孩，當她們表現出怯懦一面的時候，父母千萬不能恨鐵不成鋼地訓斥她們，而應該以足夠的耐心，開導、鼓勵她們。如此，才不會把事情越搞越糟，孩子也會因為有了媽媽的鼓勵伴隨而勇敢起來。

同樣是面對不敢走進教室的小女孩，有位媽媽是這樣做的。她很溫柔地扶住女兒的肩膀，指著在座位上已經擺放好的西洋棋說：「妳看，那個西洋棋多漂亮，裡面有美麗的國王、王后！運用妳的智慧，勇敢征戰，保衛自己的領地，我女兒就是勇士呀！」、「我女兒聰明、努力，還有一雙纖細的小手，如果握著漂亮的西洋棋，一定很美麗！簡直就是天生的西洋棋大師！」

女兒眼睛眨了眨，顯然被西洋棋高貴的形象吸引。她鬆開媽媽的手，一步一步來到了座位上。

與薇薇的媽媽相比，後面一位母親的教子方法顯然高明了許多。同樣是膽怯的小女孩，這位媽媽為孩子描繪了一個美好的未來，成功地鼓舞女兒，誘導女兒走進教室。這位媽媽懂得孩子天生就有一顆積極向上的心靈，只是幼小的心很脆弱，需要最信賴的人不斷打氣，給自己力量。

在一個近百名家長參加的測試中，當問及「誰能說出孩子十個缺點」時，有二十多名家長舉手發言，有的還不假思索舉出十幾條；但問及孩子十個優點時，幾乎難倒全場家長。有三、四名家長勉強答出幾條，其餘的苦思冥想，一條都答不出。

如今的家長關注孩子的缺點多於對孩子的優點。當家長看不見孩子的缺點時，孩子必然要受到更多的批評。

那天，薇薇的媽媽一回到家，就對正坐在客廳裡看電視的薇薇說：「我今天見到同事的女兒了！那個女孩太可愛了！」接著，就向薇薇滔滔不絕地講述起同事的孩子演講很棒、二胡拉得很棒、參加了多少次比賽獲得了多少大獎、怎麼自己收拾屋子洗襪子、見了人怎麼熱情打招呼等。媽媽講得興致勃勃，完全沒有注意到小薇薇已經扔下正吃著的草莓，撅起了小嘴。

媽媽邊講邊繫上圍裙進廚房做晚飯，等晚飯做好出來的時候，卻沒有見到薇薇。媽媽猜薇薇可能出去玩了。等了半個小時，女兒還是沒有回來。媽媽感覺事情不妙，因為八歲的女兒晚上很少出去。窗外的夜色越來越暗，媽媽開始著急。她不安地在客廳裡轉來轉去，瞥到了茶几上的一張紙條！原來是薇薇寫的！

薇薇說：「媽媽，讓妳同事的孩子做妳女兒吧！我去外公家了！」哦，女兒這是在向自己抗議！媽媽拍拍腦袋，帶了替女兒做的三鮮蒸蛋出門！

薇薇的媽媽本意是想讓自己的女兒學習他人的長處，但是她只顧描述同事家女兒的長處，卻忽略了自己的女兒也有很多優點。在這種情形下，女兒很可能就會產生「媽媽

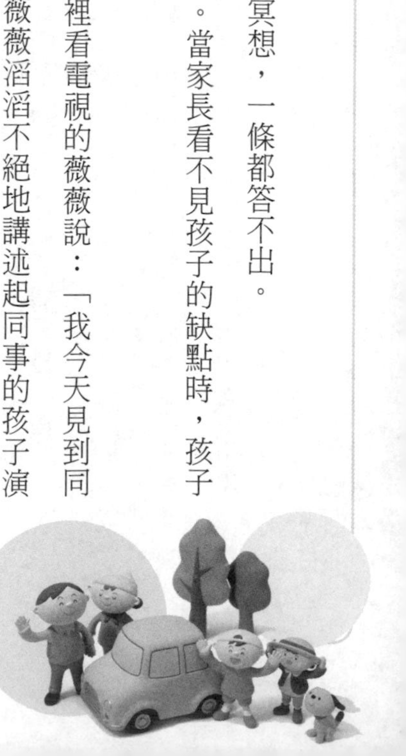

不愛我」的想法。這樣女兒心理不平衡，必然抗議，離家出走也不為過。

如果媽媽想讓自己的女兒學習同事家女孩的優點，可以這樣說：「琪琪會洗自己的襪子了！我女兒也要做講衛生的小女孩！媽媽教妳，也把襪子洗得乾乾淨淨！」、「寶貝，妳歌唱得不錯，但是演講時的聲音不如斯斯洪亮，如果加強練習，會是一名很好的演講者！」

父母誇獎別的孩子的時候不貶低自己的孩子，這樣既讓孩子看到了自己的優勢，也把她的不足指了出來，非常利於孩子的接受和學習。任何教育的目的，都是讓孩子朝著好的方向發展。而誇獎，是伴隨孩子一路通行的不二法門。

「賞識教育」的宣導者周弘說：「哪怕天下人都看不起我們的孩子，做父母的都應該去欣賞他、擁抱他、稱頌他、誇獎他，為他感到自豪。」就是在家長的誇獎聲中，周弘把自己雙耳全聾的女兒培養成留美博士。

沒有哪個家長不是望子成龍的。可是，在現實中，家長面對自己孩子的時候，總是過於心急，做一些「落井下石」的事情。

那天，薇薇在客廳裡做勞作。剪得滿地的碎紙屑和灑落的五彩小星星。薇薇想到媽媽回來又得辛苦收拾，便決定自己收拾乾淨。

當薇薇拿著掃把走向客廳的時候，正巧媽媽下班了。媽媽看到地面一片狼藉，立即變了臉色。

「妳這孩子，怎麼弄得滿地都是紙？」

「跟妳說了多少遍了，怎麼就是不收拾乾淨呢？」

「除了搗亂，妳還能做什麼呀！」……

媽媽一句接一句的抱怨使得薇薇心裡煩極了。她一邊掃一邊問媽媽：「我這不是在掃地嗎？」

「妳看看，妳掃乾淨了嗎？怎麼這麼笨呢？簡直是做什麼都不行？學業學不好，連掃地都不會！」

眼見媽媽要把話題扯遠，薇薇扔下掃把趕緊回到自己的房間，氣呼呼地坐到小床上，不停地嘀咕：「就是要弄亂，就是要讓妳生氣！」

如果薇薇的最後一句話被媽媽聽到，相信媽媽一定會氣得暴跳如雷。面對這種情景，光生氣沒有用，媽媽應該反思一下自己的教育方式。

父母的負面情緒不但不能矯正孩子的行為，反而令孩子的惡習加劇。薇薇媽媽這種與孩子溝通的方式，只會令孩子的不良行為加劇。

如果薇薇媽媽見到女兒拿掃把掃地，對地面的混亂情景裝作沒看見，不但不批評，還順勢誇獎幾句：「我女兒真勤快，會收拾屋子了！」、「媽媽今天上班做了很多事情，到現在腰還疼呢！」、「我真高興，我的女兒心疼媽媽每天工作辛苦，知道幫媽媽掃地了！」這樣，女兒就會從內心深處生出一種對媽媽的同情，懂得分擔媽媽的辛勞，自願幫媽媽做些事。

在孩子的成長過程中，父母的誇獎彷彿一面鏡子，反射的鏡像就是孩子眼裡的自己。如果父母貶抑孩子，認定孩子笨，孩子就會產生嚴重的自卑感和自我懷疑。到那時，孩子就真的成了「學什麼都學不會」、「做什麼都做不好」的笨孩子了。

二．多「棒」都不能只誇孩子「棒」

細心的父母都能察覺孩子最愛聽讚美話。即便是襁褓中的孩子，聽到別人誇獎他，也會揮著小手咧開嘴咯咯地笑。相關專家說，在誇獎聲中長大的孩子，更會有一個好前程。日本的一項研究證明，在家長的誇獎聲中長大的孩子，事業有成比例比很少受到家長誇獎的孩子高出五倍！由此可見，培養好孩子，離不開誇獎。但需要特別注意的是，如果誇獎不當，也會對孩子的成長產生負面影響。

洋洋是家中的開心公主，就連生病的時候也非常討人喜歡。很多孩子都怕吃藥，面對媽媽端著的藥水，就是不合作，左躲右閃，很讓媽媽頭疼。而洋洋總是能一滴不漏地把小湯匙裡的藥水喝進嘴裡，還用紅紅的舌尖舔乾淨嘴邊流溢出來的藥水。那副乖巧樣子，使得家人忍不住誇獎洋洋：「寶貝真好！真棒！」

三歲的時候，洋洋身上長濕疹，醫院開的藥是用小袋子裝的。每天吃三次，每次吃一包，洋洋按時服藥，濕疹漸漸痊癒。一天中午，洋洋和媽媽在客廳裡玩，媽媽看女兒玩得很投入，便到陽臺洗衣服。十五分鐘後，媽媽出來的時候，看到客廳的沙發上散落著五、六個藥袋。媽媽問女兒：「妳剛剛吃的嗎？」洋洋神情自豪地點點頭，媽媽大

吃一驚，抱起女兒直奔醫院……

雖然是虛驚一場，但是卻給家長帶來警惕。那就是成長中的孩子判斷力、理解力有限，如果誇獎不恰當，可能反而會誤導孩子。比如，洋洋吃藥的時候表現好，父母誇獎她，她就會認為吃藥能夠治病，還能夠得到父母的誇獎，所以見了藥就吃，險些釀成危險。

每個孩子在成長的過程中，常接受著不同的誇獎。為人父母，透過誇獎使孩子養成好行為，並成為一種可貴的品行，將是送給孩子一輩子受益無窮的財富。

洋洋有一段時間非常熱衷於幫爺爺倒酒，每次全家人一起用餐，洋洋都會搶著幫爺爺倒酒。有時大人基於安全原因讓洋洋這麼做。可是，　旦阻止洋洋倒酒，洋洋就會哭。家人只得順從。每次倒好酒，爺爺都會高興地說：「真棒，我的寶貝會倒酒了！」洋洋聽了，喜氣洋洋的，十分熱情地給爺爺倒了一段時間的酒。

一次全家聚餐，媽媽要洋洋給爺爺倒酒，誰知洋洋態度淡淡地說：「我不倒！」媽媽問洋洋：「妳以前總是搶著幫爺爺倒酒，今天怎麼不動呢？」洋洋說：「我現在不喜歡幫爺爺倒酒了！」

原來洋洋以前幫爺爺倒酒是出於好奇心理，現在已經學會倒酒，沒有了新鮮感便不願意做。

媽媽對洋洋說：「幫爺爺倒酒是一種孝順行為，爺爺那麼疼妳，妳幫爺爺倒酒，他會感到很欣慰！認為妳是個好孫子！」

洋洋眨著眼睛聽著，從那以後，洋洋又開始開心地幫爺爺倒酒。而且，有什麼好吃的都會先擺在爺爺前面，完全一副孝順孩子的樣子。

值得向洋洋的媽媽學習，利用誇獎刺激孩子的良好行為，並使其逐漸養成良好的品行，著實是一件了不起的事情！

誇獎孩子的確學問多多，如果父母能夠用更多的話語描述孩子努力做事的過程、孩子的精彩表現，孩子不僅清楚知道自己受到誇獎的原因，而且也能感受到父母對自己的愛和關注，自然能夠引起孩子內心的共鳴。

有一次吃晚飯，洋洋的爸爸忙著接電話，洋洋的媽媽忙著擺餐具。這時，快遞員來了，媽媽放下沒有擺完的餐具，去收快遞。

洋洋餓了，來到餐桌前準備吃飯，看到筷子和碗還沒有拿來，便自己從櫥櫃裡拿出筷子和碗，並一一擺好。等爸爸媽媽忙完過來，發現從沒有做過家事的洋洋已經擺好了餐具，安靜地等著父母來吃飯，非常高興！

爸爸誇獎洋洋：「我女兒會擺餐具了，懂得體諒爸爸、媽媽的辛勞！真令我感動！」媽媽說：「我家洋洋真是個好女兒，能夠體諒爸爸、媽媽的忙碌！」聽到爸

爸、媽媽這麼說，洋洋開心極了！不停地說媽媽做的菜真好吃。一家人高高興興地吃晚餐！從那以後，洋洋在家裡更勤於做家事，也更能體諒父母。

當今的時代，人們做事講究時效性。如果誇獎孩子的時候，能夠注意誇獎的時效性，便更能夠使孩子藉由父母的話強化自己的做法，逐步增強孩子做事的主動性。

比如，當洋洋和奶奶去市場買了一個髮夾，奶奶說是洋洋自己挑選的。媽媽高興地稱讚：「寶貝，妳的眼光真不錯！我喜歡妳的髮夾，小蝴蝶的造型翩翩欲飛的樣子很可愛。」從那以後，無論買什麼，洋洋都喜歡自己挑選，而且會積極聽取家長的意見。

那天，洋洋在家裡做手工藝，拿出一件漂亮的小裙子，洋洋自言自語：「如果這件裙子上綴滿小星星，再配上個紅絲帶，應該會非常漂亮呀！」

這時，洋洋的媽媽聽到了，說：「這個想法很不錯。媽媽幫妳找出漂亮的小星星，還有紅絲帶，妳自己製作吧！」

洋洋放下剪刀，拿出膠水開始幫小裙子黏上一顆一顆的小星星。小星星太光滑，膠水抹上卻不能將小星星固定住。而且，稍微碰到，小星星就會掉下來。洋洋嘟起小嘴，扔下東西，離開工作檯窩到了沙發上。

爸爸發現了，提醒洋洋：「膠水不行，可以考慮其他的方法呀？」洋洋眼睛一亮，於是從百寶箱裡取出了雙面膠。

利用雙面膠製作起來比較順利，很快，小星星便在洋洋的裙子上閃現銀色的光芒，彷彿無數顆童稚的心訴說著一個個童年的期待。那條纏繞在腰際的紅絲帶，也在訴說著童年飛翔的夢。

「媽媽，怎麼樣？」洋洋揚起興奮的小臉問媽媽。

「哦，我女兒真有創意，也真努力，努力做事效果就是不一樣，這真是一條造型別緻的小裙子！」媽媽說。

「無論做什麼事，只要動動腦筋，一定會有意想不到的驚喜！」爸爸不失時機地說。

誇獎孩子，最忌諱的就是當孩子取得小小成功的時候，父母誇獎孩子聰明。世上的很多事情都是努力的結果，如果家長不誇孩子努力而是誇獎孩子聰明。那麼，孩子就只會把自己的出色表現歸結於自己的聰明，結局只會讓孩子覺得自己的成敗與聰明與否有關。

三・父母因材施教，培養獨立思考精神

喬喬從三歲開始，就是家人眼裡的超級「跟班」。無論家人到哪邊去他都嚷著一定要跟著去，別人有什麼他就要什麼，別人做什麼他就要做什麼。

一次，爺爺、奶奶帶著喬喬去公園，他看到一個小朋友手裡拿個水槍，對著草坪噴水，喬喬羨慕極了。回頭對奶奶說：「奶奶，我也要那樣的水槍，買一個給我吧！」

奶奶說：「家裡也有水槍，我們回家再玩！」

喬喬開始發脾氣，大聲喊：「家裡那個太小，我要大的！」

沒有辦法，爺爺、奶奶只得早早帶他走出公園回家。回到家，喬喬還是喊著要剛剛的大水槍，哭鬧不已。

喬喬不僅別人有什麼他就要什麼，別人做什麼他就做什麼，而且，別人說什麼他也說什麼。

喬喬習慣每天清晨六點左右喝奶，每次喬喬喊著喝奶，媽媽都會對爸爸說：「老公，去幫兒子泡奶粉！」爸爸便乖乖起床幫喬喬泡奶粉。

一天早晨，喬喬沒有喊肚子餓，而是直接趴到爸爸耳邊說：「老公，去泡奶粉！」

這下，喬喬的父母嚇了一大跳！這孩子竟然喊爸爸「老公」！兒子這樣學下去，有一天喊爺爺「老公」怎麼辦才好呀？

爸爸對喬喬說：「你是爸爸的兒子，你不能稱呼爸爸『老公』！」

「為什麼？」顯然，喬喬非常喜歡「老公」這個稱呼。

「因為『老公』是夫妻之間的稱呼。」爸爸解釋道。

喬喬眨眨眼，顯然不願意放棄。他用手指著自己的胸部，對媽媽說：「媽媽，妳把我當成他叫我一聲『老公』！」說到他的時候，喬喬用手指著爸爸。

喬喬的父母聽了呵呵大笑，媽媽當然沒有讓喬喬成為自己的「老公」。

孩子的好奇心和模仿力都很強，比如媽媽喊爸爸「老公」的時候，「老公」這個詞喬喬聽起來感覺很酷，便不加分辨地模仿。如果父母對這樣的事情一笑而過，不加以糾正，孩子長大之後必然缺乏獨立思考的能力，無論做什麼事情都會跟在別人的屁股後面。所以，當孩子不加以選擇地一味模仿別人做事的時候，父母一定要糾正孩子，指導他明辨思考。

喬喬的父母在這方面做得就很好。他們反覆多次告訴喬喬不可以喊爸爸「老公」，喬喬便不再喊爸爸「老公」了。當別的孩子玩大水槍的時候，無論他多麼想要，媽媽都告訴他年齡小，大水槍拿不動，只能玩小的。喬喬便可以懂得「長大後才可以玩大水

槍」。

經過一段時間，即使別人給他大水槍玩，他都不要，他說：「我玩小的，等長大了再玩。」

從喬喬的事例可以看出，不管孩子的模仿慾望多麼強烈，只要抓住時機不斷給予引導，孩子就會明白有些事自己不可以做。掌握了這個尺度，孩子「學壞」的可能性就降低了。

孩子錯誤的言語、錯誤的行為，並非源於孩子很壞，很多時候是因為孩子不具備辨別是非的能力或沒有辨別是非的習慣。孩童分不清好壞的階段，正好具有較強的模仿性和較差的控制能力，使得他們看到什麼學什麼。即使不禮貌的話，也因為新鮮感極強而照單全收。

「人云亦云」、「隨波逐流」的人，他內心的想法就是「『大家怎麼樣，我就怎麼樣吧！』於是，大家怎麼認為，他也就怎麼認為；大家怎麼做，他也就怎麼做。更為嚴重的是，一個小群體的錯誤意見，往往可以迫使一個人做出與自己感知和判斷不相符合的決定。對於正處在成長階段的孩子，稍不留神，就可能誤入歧途，落入受騙上當、聚眾鬥毆的漩渦，對自己和他人造成無法挽回的傷害。

逐年遞增的青少年犯罪率，警惕眾多家長，杜絕孩子「隨波逐流」是任何一個父母

都不可忽視的教育環節。

有一段時間，喬喬特別喜歡一邊吃飯一邊看電視，媽媽說：「吃飯的時候，不要看電視！」喬喬就會說：「別的小朋友都是一邊吃一邊看電視的。」於是媽媽告訴喬喬：「吃飯的時候，注意力在電視上，影響食慾。同時，看電視的時候大腦與消化系統爭搶血液，既無法專心看電視，也影響了消化與吸收，對身體非常不好。」喬喬明白後，不但改變了自己的壞習慣，見到小朋友一邊吃東西一邊看電視還常常提醒他們這樣做對身體不好。

杜絕孩子的從眾心理，除了即時制止孩子的從眾行為外，還要積極培養孩子的自主意識。孩子做錯事，父母耐心糾正，孩子就能藉由成人對其行為、言語的評價，逐步提高分辨是非的能力，形成分辨是非的習慣。能夠明白是非的孩子，就會懂得什麼可以做，什麼不可以做，養成有主見的性格，在未來的人生中形成自己的立場與觀點。

有一次，喬喬想去奶奶家玩。媽媽說：「你在家做功課，媽媽出去一下，等媽媽回來就帶你去奶奶家，奶奶會煮你最愛吃的紅燒肉！」

媽媽回來的時候，發現家中好幾個小朋友在等喬喬。媽媽問怎麼回事？喬喬說，昨天已經和小朋友約好去海洋館看海豚，可是今天忘記了。只好在家裡等媽媽回來，問媽媽怎麼辦。

媽媽問喬喬如何選擇。

喬喬說：「昨天已經和小朋友約好了，想去看海豚。至於去奶奶家，只能等到下星期了。」

媽媽笑了，拍拍兒子的肩膀說：「你做得很對。只是以後要注意，答應別人的事絕對不能忘記。」

喬喬開心極了，雀躍著和小朋友出去玩了。

實驗證明，一個能夠不斷給孩子提供自己做主機會的家庭，孩子的自主能力更強，不容易人云亦云，能充分表達自己的立場和觀點。

四・孩子「搞破壞」，絕不罵孩子「野蠻」、「搗亂」

誰也不願意家裡好好的物品被摔破、電器被拆得七零八落，可是，往往就在你不經意間，鬧鐘被拆開了、金魚死掉了、媽媽的口紅被折斷了、剛買的玩具被拆解了……這都是因為家中有個頑皮淘氣的「破壞大王」。面對孩子這些令人哭笑不得的破壞行為，怎麼辦呢？總不能綁住孩子靈巧的雙手，關閉他好奇的心靈？

明明是個破壞性極強的孩子，小時候見到什麼都充滿好奇心。為了滿足好奇心，他摔壞過媽媽的手機、敲碎過父親的電腦、玻璃杯掉到地上摔個粉碎是常有的事。

有一次，明明在家裡畫小羊，塗顏色的時候，挑遍了幾盒彩色筆，也找不到羊角上漂亮領結的顏色。這時，明明想到了媽媽的口紅。他打開媽媽的梳妝盒，取出口紅，一支一支試，終於找到自己喜歡的顏色。可是，塗在畫紙上，卻無法保持顏色。而且由於用力太猛，不小心把媽媽的口紅折斷了。

媽媽回來後，並沒有責怪明明，而是先誇獎了明明的圖畫顏色很漂亮。然後告訴他，口紅與彩色筆是有區別的，口紅比彩色筆軟，所以施力的時候要比使用彩色筆小一點。況且，口紅無法在紙上上色，所以並不適合拿來畫畫。從此之後，明明再也沒有用

過媽媽的口紅來畫畫了。

孩子愛搞「破壞」是對事物具有好奇心的一種表現，體現了孩子創造性的萌芽。如果媽媽合理地運用孩子愛搞「破壞」的天性，即時給予引導，那麼孩子的探索慾望就會越來越強烈。

星期天，明明家裡來了客人。媽媽在客廳裡陪客人聊天，明明一個人在自己的房間玩耍，看到了床頭櫃上滴答滴答走動的小鬧鐘，明明很想知道它是怎麼走動起來的。於是，他把小鬧鐘從床頭櫃上拿下來，用鉗子、螺絲起子將小鬧鐘慢慢拆開，仔細研究。只是怎麼看也無法明白，正琢磨著怎麼裝回去的時候，媽媽走進來了。

媽媽看到小鬧鐘四分五裂的可憐樣，問明明：「你把小鬧鐘拆開了？」明明低著頭說：「媽媽，是我拆的，可是我怎麼也裝不回去了！」

媽媽說：「哦，我兒子真能幹，能把小鬧鐘拆開來！別急，收拾好東西。媽媽帶你去鐘錶店，到時你好好看著鐘錶店師傅怎麼安裝。有什麼不解的疑問，就問修錶的師傅！」

到了鐘錶店，媽媽跟師傅說明了情況。鐘錶店師傅一邊安裝一邊耐心地為明明講解，明明很快便明白了。明明問師傅：「鐘錶為什麼能擺動呢？」師傅說：「這是利用振動的原理，等你長大一點，學習物理相關知識的時候，就會明白了！」

類似拆開鬧鐘的事件，幾乎每個家庭都發生過。如果父母處理不當，劈頭就對孩子一頓訓斥：「你怎麼這麼頑皮，看我怎麼處罰你！」、「好好的東西到你手裡怎麼就變成這種樣子呢？」、「坐在這裡，不許亂動呀！」、「像你這麼野蠻，長大了怎麼辦才好？」……如此，必定會打擊孩子探知事物的積極性，使得孩子怯於動手。

為人父母一定要知道，孩子沒有天生就什麼都明白的，孩子的破壞行為是孩子的好奇心使然。如果小孩愛搞「破壞」，父母應該高興才對。因為孩子破壞了東西失去的只是可估計的價值，而得到的卻是小孩一生受用不盡的財富——發現、探索、思考、創造、智慧。

明明拆開了家中的小鬧鐘，媽媽並沒有責備明明「搗亂」，而是誇獎了他的動手能力。這使得明明的「破壞」慾望更強烈！

明明家裡有一個美麗的魚缸，魚缸裡有美麗的紅鸚鵡游著。明明每天都會主動餵養小魚。有天，明明突然靈機一動想到，媽媽經常說牛奶最有營養，小孩子多喝牛奶可以幫助成長！如果給紅鸚鵡喝一些牛奶也一定會讓紅鸚鵡長得更健康。於是，明明悄悄把奶瓶裡的牛奶倒進了魚缸裡。

傍晚，父母回家發現了魚缸內的魚全部都奄奄一息。爸爸猜到可能是明明的「傑作」。就問明明：「你今天餵魚了嗎？」明明說：「餵了。不但餵了魚飼料，還把我

喝的牛奶也給魚喝了！」

爸爸呵呵大笑，趕緊幫魚換水。

媽媽則笑著說：「我兒子真有想像力，為了讓紅鸚鵡長得更快，竟然捨得把自己的牛奶給牠們喝……」

第二天，媽媽為了讓明明明白觀賞魚是不喜歡喝牛奶的，便特意幫明明買了幾條小魚做實驗。明明看到小魚在有牛奶的水裡游動遲緩，而在乾淨的清水裡則游動自如。這下明明明白觀賞魚是不喝牛奶的。

當然明明的破壞性事件絕不僅僅這兩件。比如，把腳伸進雞蛋籃子裡，把雞蛋一個個踩得粉碎；把自己的涼鞋剪成拖鞋……

面對明明五花八門的破壞行為，明明的父母不但沒有打罵明明，而且總是給予適當啟發。他們覺得這些「破壞」行為，增長了明明的生活經驗，使明明學會了思考，增長智慧。

現實生活中，不難發現一個循規蹈矩的孩子，往往很難做出有創造力的事情。倒是調皮的孩子時常有聰明的舉止。這是因為富有創造力的孩子勇於突破常人的思維模式去思考問題，能夠創造出與眾不同的事物來。

所以，要想自己的孩子具有一定的創造力，需要從孩子小的時候起就為其建立一個

「心理安全」和「心理自由」的「破壞」空間。不管孩子的破壞行為「損害」了什麼，都要尋找切入點，鼓勵孩子，使其細心觀察生活、大膽提出問題、積極探索未來。一個在父母的鼓勵下，勇於大膽嘗試的孩子，遲早會帶給你驚喜的！因為任何「破壞」都是通向「成功」的起點。

有一次，明明床頭的小鬧鐘突然停了。媽媽覺得可能是沒電了。於是拿電池來換上，可是小鬧鐘還是不動。明明拿來螺絲起子等用具，把小鬧鐘拆開後，檢查一遍，覺得可能是發條的小螺絲鬆了。於是，找來一個同等大小的螺絲，替小鬧鐘安裝上，一會兒，小鬧鐘就噠噠地走動起來！

媽媽高興地說：「我兒子從『破壞大王』變為『修理大王』了，不錯！」

每個人都有認知上和行為上的既定模式，這些模式不知不覺地從小形成，並且在日後的人生旅程中反覆出現。保護孩子的「破壞力」，不但關係到孩子的成長，也與孩子的一生緊密相連。

人們的年齡不同、文化背景不同，知識不同、學歷不同，他的創造力也不同。即使一個人已經學富五車，那種原始的破壞思維還是非常有用！他可以打破常規，衝出禁錮，突破瓶頸，拋棄舊有思想，去創造新的成就。

有這樣一個故事：四個博士去參觀一次開幕式彩排，入場的時候發給每人兩根螢光

棒，當看著別人都拿著發光的彩色螢光棒揮舞的時候，他們卻無法使自己手中的螢光棒發光。物理博士聯想到了摩擦生熱，於是用力摩擦，但是完全沒有效果；化學博士認為螢光效應應該是兩種物質混合而成，於是就拿著螢光棒使勁的晃動，最後也沒有辦法使螢光棒發光。最後，他們看著旁邊的一個小學生拿著螢光棒使勁折了幾下，終於恍然大悟。

做為人人敬仰的博學之士，竟然喪失了人類最原始的破壞力，可以想見，要他們在現有成績的基礎上創造出傳世之作，將是何等艱難！

如果我們的家長希望自己的孩子具有創造力，那麼，就要從小珍惜孩子的「破壞性」，培養孩子受益一生的破壞性思維和創造性思維。

五．不做「巫婆」做「伯樂」，「強勢」孩子誇中來

「世有伯樂，然後有千里馬。」遇到「伯樂」父母的孩子是多麼幸運。可是如果遇到「巫婆」父母，把孩子的美麗、優勢當做醜陋，禁閉在高塔內，那麼孩子的前途和命運就岌岌可危了。

宇宇坐在客廳的沙發上，正在背誦國語課本裡的一首唐詩。剛剛教訓過他「腦子不靈光」的媽媽正在廚房裡緊張地忙碌著，不時探頭看看宇宇是否在用心背誦。看到兒子緊皺眉頭，用心記憶的樣子，媽媽胸口又開始發悶。不禁暗暗嘆氣：「哎，這孩子怎麼這麼笨呀！一首《靜夜詩》背了三天，還沒記住！也難怪每次考試成績都不理想！」

「上國小就這個樣子，長大了要怎麼辦？……」媽媽越想越擔心，真想上去給孩子一巴掌，把孩子打清醒。其實，媽媽哪裡知道自己的兒子一點都不笨，只是一邊背唐詩，一邊想著書包裡剛剛買的漫畫書。

宇宇是個卡通迷，從三歲的時候，他就開始看《天線寶寶》！因為媽媽也喜歡卡通，所以，在媽媽的講解下，宇宇透過動畫片瞭解了很多知識，掌握了很多辭彙。到現在，宇宇已經看過《海綿寶寶》、《櫻桃小丸子》、《名偵探柯南》……等多部動畫片。

現在，宇宇連作夢都夢到自己在看漫畫。可是媽媽把課餘時間都安排得滿滿，做完作業還要背唐詩，使宇宇根本沒有時間放鬆。

宇宇的心情真是沮喪極了，哪還有心思背誦唐詩呢？

媽媽把炒好的菜端到桌子上，擺好餐具。來到客廳裡對兒子說：「瞧，我的寶貝今天多努力！去，洗洗手，吃飯了！」宇宇有點吃驚，正在擔心背不熟這首詩，媽媽訓斥自己該怎麼辦呢？

吃飯的時候媽媽說：「好孩子，多吃點！吃飽了，媽媽陪你背古詩！」

從那以後，宇宇放學後媽媽不再讓宇宇背古詩，而是讓宇宇自由自在地看一會兒動畫片。等宇宇玩夠了，媽媽的飯也做好了。吃過飯後，媽媽便和宇宇一起背古詩。

背誦的時候，媽媽逐字逐句地解釋給宇宇聽，並連結宇宇學過的各方面知識，特別是宇宇熟悉的動畫片中的知識。這麼一來，大大提高了宇宇背誦的興趣。另外，宇宇記住一點，媽媽都會誇獎宇宇。「宇宇，真聰明，這麼難懂的詩都記住了！」、「我家宇宇還會根據古詩講故事呢！真厲害！」

不到一個月，宇宇就背熟了好幾首古詩！媽媽和宇宇商量，每天回家做完功課，就可以看一小時喜歡的卡通片，然後背誦唐詩。宇宇高興地答應了！媽媽開心極了，她嘗到了「賞識教育」的甜頭，暗暗慶幸自己在孩子的成長過程中沒有扮演「巫婆」的角色。

當一個孩子記不住東西的時候，往往是沒有自信的，媽媽的誇獎能夠幫助孩子重新建立起自信。有了充足的自信心，一旦下工夫，便能有效增強記憶力。

大多數的家長，當孩子學業成績不好的時候往往簡單地認為是因為孩子腦筋不好、智商低，而不是靜下心來檢視一下自己，看看自己是不是真的有效地幫助孩子學習，自己是不是孩子成績不好的始作俑者。

日本著名心理學家多湖輝先生和南博先生一致認為，記憶時最重要的是要有「一定能記住」這種自信心，否則老是覺得自己的記憶力不好，在記憶的過程中，精神不振、情緒低落，記憶力就會真的下降。

就像宇宇，因為心中掛念著卡通片，導致背誦的情緒不佳，自然記不住東西。滿足了他看動畫片的慾望，宇宇情緒良好，背誦唐詩自然效率就能提高了。

學習是孩子生活中的大事，也是家長最關注的方面。當孩子學業成績不理想的時候，很多家長就會認定自己的孩子笨，不是讀書的料。其實，如此家長便不自覺地扮演了巫婆的角色，替孩子貼上「笨」的標籤，不知不覺間孩子就真的變笨了。

比如，當孩子某科成績不理想的時候，父母就會如實描述「數學不行」、「連前十名都考不了」、「這麼簡單的題目都無法做對」、「你必須知道你的數學很差」、「沒記性，一道題目一錯再錯」……

殊不知，家長的暗示和斷言很容易造成孩子的挫敗感，只會造成孩子的數學成績越來越差。如果藉由誇獎的方式，情況就可能完全不同。

在一次家長會上，老師對宇宇媽媽說：「這次數學考試，你兒子倒數第十名，您需要想想辦法了。」

回到家裡，媽媽對宇宇說：「老師對你充滿信心。他說了，你很聰明，只要在學習上能細心些、用功些，最少會前進十幾名。」

說這話時，媽媽發現宇宇黯淡的眼神一下子充滿了光，沮喪的臉也舒展開來。每天放學後，他不用媽媽囑咐，吃完飯就會乖乖坐下複習功課。

幾個月後，媽媽又去參加家長會，當老師唸到需要特別注意的名單時，媽媽並沒有像往常一樣聽到兒子的名字。原來，在全班五十名學生中，兒子的排名已經上升到了第十九名。

宇宇的媽媽真是開心極了，她又一次獲得了誇獎帶來的驚喜。

心理學研究發現，人類本性都渴望受到誇獎和肯定。誇獎能激發起孩子積極學習、不斷進步的願望和熱情，這一點尤其對智力發展比較遲緩，或者某一方面有缺陷、有困難的孩子最為重要。

即使孩子做得不是特別好，父母都要找到可取之處給予孩子適當的誇獎，家長的誇獎刺激了孩子的自尊心和上進心。孩子將會非常賣力地去做同樣的事情，而且會越做越好。

六．揚長才能補短，多讚美孩子的個性與優勢

古人云：「道人之長，越道越長；指人之短，越指越短。」每個人都有自己的長處和短處，稱讚別人的長處會使一個人越來越完美。養育孩子也一樣，如果家長能夠發現自己孩子的長處，給予鼓勵，不但會促使孩子繼續發揚長處，還能使孩子弱勢的一面迎頭趕上。

有個孩子叫小明，上國中一年級。小明的學業成績雖然不好，但是頭腦很聰明，屬於那種有好腦筋卻不下工夫的孩子。父母看著反應敏捷的孩子就是不好好學習，急到不行。

每次拿回成績單，媽媽都要嘮叨一整個晚上，希望兒子用心學習。可是每次兒子都只是痛快地答應卻不見行動，學業成績依舊不好。還時不時地把哪家的玻璃打破、哪個鄰居的狗狗藏起來。總之，盡做些調皮搗蛋的事情，就是不好好學習。

有一次，爸爸和小明去打乒乓球，僅僅三局小明就打敗號稱乒乓球勇士的父親。

爸爸誇獎兒子：「臭小子，乒乓球打得不錯呀！什麼時候練出來的？」

兒子眨眨眼：「當然是每天在學校裡練習的。在家裡媽媽又不允許出去打球！」

爸爸說：「看來我兒子素質不錯！反應敏捷！如果在學習上也下點工夫，你媽媽就不會為開家長會的時候沒面子而苦惱了！」

小明不好意思地笑了。

爸爸接著說：「用功一點！把成績趕上去！到時爸爸向媽媽提議讓你參加乒乓球俱樂部！到時候，你就不用偷偷摸摸打球，隨便什麼時候，做完作業都可以去俱樂部打球！」

小明高興地和爸爸擊掌約定！

從那以後，小明每天放學回家書包一放，就掏出書本寫作業。再也不東摸摸西蹭蹭、一雙眼睛轉個不停。遊戲機也被從書包裡請了出來，老師上課的時候再也不用滿教室尋找發出遊戲鈴聲的源頭。

付出就會有收穫。不到半年，小明的學業成績一躍到年級的中等水準。老師向小明的父母透露，如果按照這種速度前進，小明有希望考入明星高中。

爸爸遵守諾言替兒子報名參加了乒乓球俱樂部。小明更加勤奮地練球，乒乓球技術突飛猛進，很快被選入學校乒乓隊。

小明的變化，在父母眼裡勝過生活中的任何驚喜。他們也因此領會到了：放大孩子的優勢，對孩子進行個別教育。不但可以發揮孩子的特長，而且可以使孩子的弱勢項目進步。

學校教育基本上是單一、機械式教育，很難完全適應所有孩子的身心特點及發展規律。如果孩子表現比較差，又在學校被忽略，埋沒在眾多優秀的孩子之中，很容易缺乏做事的上進心，得過且過，基於現實情況形成「我不行」的否定心理。這時，需要家庭教育發揮自己更利於實行個別教育的優勢，發現自己的孩子的優點。

當自己的孩子表現不如別的孩子優秀時，做為父母千萬不要自己先鬆懈下來。一定要告訴自己每個孩子都是天才，自己完全有能力挖掘孩子的潛能。

除了適時鼓勵孩子之外，還要想辦法放大孩子的優勢和長處。很多時候，孩子的某些優勢是隱藏的，家長一定要提供他勇於表現自身優勢的機會。比如，有的孩子在小夥伴中具有創意思考能力，喜歡出點子。家長可以利用孩子善於出點子的優勢培養孩子的創新思維。當家裡遇到什麼問題、他人生活出現疑難，可以問孩子：「這怎麼辦呀？」和孩子一起想辦法的時候，孩子想出了好的主意，父母就要誇獎孩子：「我的孩子很有腦筋！」、「這麼好的辦法連媽媽都自嘆不如，我的孩子居然可以想出來！」、「這麼難的問題我的寶貝都解決了，其他方面也一定行！」

這樣，孩子就會具備做事的自信。只要孩子有一項優點，不管是才藝還是技能，就會對自己充滿信心，產生「我可以」的信念。因為當一個人的行為得到滿意的結果時，

這種行為就會反覆出現。

舉個簡單例子，當我們平時穿一件衣服，身邊的同事和朋友誇獎說好看的時候，我們就會非常喜歡這件衣服。每當有聚會或者重要場合，都會首先想到要穿這件能讓自己看起來更漂亮的衣服。其實，這種強化的動機，來自周圍人的誇獎，使主體自身產生了一種愉悅和自豪的體驗。這種體驗體現在認知能力還不是很強的孩子身上，更容易使其獲得自尊與自信。

總之，如果你的孩子成績好，就以好成績做為長處，引導其他方面的發展；如果你的小孩畫畫第一，就以畫畫為重點培養，帶動學習等其他方面。總之，無論是笛子吹得好還是彈鋼琴彈得好，亦或是鍵子踢得好，都可以做為孩子的長處發揚光大，提高孩子的自信心，帶動其他弱勢方面。

2

會說話的父母懂暗示，
不忽視孩子成長的環境因素

孩子的心靈是潔白無瑕、天真純樸的，生活在什麼樣環境中，就會被造就成什麼樣的個性。美國心理學家、教育家杜威說：「家庭環境對孩子的成長有著決定性的影響。」好的環境會培養出個性好的孩子，懂得表達的父母會替孩子打造適合成長的環境。

一．重視積極的心理暗示，營造良好的家庭心理環境

當父母擔心孩子某方面能力不足會出現問題的時候，即使不是直接說出「你不行，我來替你做主」等消極語言，但是「你不行」的信號也會藉由父母的言行舉止，投射給孩子，一旦孩子收到這樣的資訊，就會認同父母的看法。以致於父母認為孩子是什麼樣的人，孩子就會成為什麼樣的人。

可以想像，如果孩子每天被不良的心理暗示包圍，不能即時調整自己的心態，累積在心裡的矛盾和壓力不能得到釋放，不可避免地就會出現心理問題。說不定哪一天，這個不被重視的心理問題就會轉化成一種生理上的疾病。

君君是個好強的孩子，學業成績一直名列前茅。君君的父親是一名修鞋師傅，在社區附近的超市前修鞋，雖然無法賺大錢，但日子還算過得去。

有個學業成績不錯的兒子，君君的父親感覺臉上增光不少。可是也為他帶來了煩惱。他總是想：「到時候考不好不就前功盡棄了嗎？」、「現在成績好，但是上不了大學，空歡喜一場就更丟人了！」於是在一次吃飯的時候，他對兒子說：「現在成績好，可是考大學的時候出了差錯，一定會被別人恥笑。」

面對父親深切的期盼，君君所要走的路似乎比同年齡人更艱辛。考大學是他出人頭地最直接的途徑。所以，他全力以赴地準備打贏這場戰爭。考試一天天接近，父親消極的話語卻不時閃現在君君的腦海中。

沒想到父親的話猶言在耳，就真的不幸地應驗了。在接下來的一次模擬考試中，君君的成績直線下滑。君君父親看到成績後，先是重重地嘆了口氣。接著以一種先知先覺的口吻對兒子說：「讓我說中了吧！還沒正式考試呢！就不行了！」緊接著的模擬考試中，君君的成績又一次發生了下滑。父親的話又說得更重：「考不上大學，就只能和我一樣修鞋！」

面對兒子考前的變化，媽媽覺得兒子可能受了丈夫每天那些嘮嘮叨叨的話影響。但自己又無法確定是不是真的是如此。於是媽媽去學校找到君君的班導師，把自己的疑惑跟導師溝通了一下。

老師覺得君君媽媽的疑慮很正確。考試是孩子心中的大事，如果處理不當就會影響自身水準的正常發揮。君君成績下滑就是受了父親負面心理暗示的作用，使心理壓力增加，出現心理波動。

如果父母發現孩子的情緒有問題，一定要幫助孩子內心負面、缺乏自信的想法，例如：「我準備的不夠充分，我恐怕會考砸」轉變成為積極的想法，例如：「別人行，我也行」、「我一定能夠正常發揮」。

君君的媽媽回到家，說了一個故事給君君聽。一位家住基隆的女孩在一天下午突然暈倒在地上。經過一系列檢測和治療，醫生確認女孩是由於精神壓力過大導致暈倒。女孩的父親由於過度勞累很早就失去工作能力。家裡的日常開銷以及父親的醫藥費，靠媽媽經營茶館的微薄收入來維持。

在貧苦的生活壓力下，媽媽脾氣變得急躁，常常因為一些小事和丈夫發脾氣。每當母親脾氣發作的時候，女孩心裡都害怕極了。她既可憐多病的爸爸，又心疼勞累的媽媽。她除了儘量幫助媽媽打理生意，內心也充滿了苦悶，無處發洩，也不知道如何排解，終於釀成了疾病。

媽媽為兒子講完這個故事後說：「兒子，媽媽講這個女孩的故事給你聽，就是要告訴你不要有心理壓力！以你平時的成績完全可以考到一個理想的大學。即使考不好，媽媽也是以你為榮。」說完這些話，媽媽溫柔地抱抱君君，告訴他如果考得不理想，補習重考也不會有任何問題，甚至拿出存款簿，告訴君君不要有任何心理的壓力。

君君一下子淚流滿面，他怎麼也不會想到省吃儉用的父母會有這麼多存款。媽媽說：「這些錢媽媽都是為你準備的！不要有壓力！我們家不窮！只要你有信心，媽媽都願意供你讀書！」

聽了媽媽的話，君君感動至極，心情一下子輕鬆起來了。卸去了心理的重負，情緒穩定後的君君在接下來幾次的模擬考試中，發揮得非常好，終於考取了理想中的大學。

家長的心理是家庭心理環境的鮮明反映，家長做事消極、心理壓力大，家中必然瀰漫著一股消極的氛圍。無形中把一種「我不行」的消極心理投射到孩子的性格中。

有一個小男孩，爸爸是個典型的樂天主義者。熱衷於各種活動，一天到晚，他都快快樂樂地享受生活。兒子學校舉辦英語演講比賽，要求學生自由報名。

雖然那小男孩的英語並不是非常出類拔萃，但是小男孩還是主動報名了。夾雜在那麼多優秀者中，很多同學都笑小男孩只是濫竽充數。小男孩當然知道自己的水準比不上那些優秀的同學，但他又想參加這次比賽。

於是把心中的煩惱說給爸爸聽，爸爸說：「只要敢站到演講臺上，就是勝利。更何況，僅僅是參與的這個過程就能學到很多東西。」小男孩在爸爸的支持下參加了比賽。比賽結束後，小男孩也如大家所想沒有獲得名次，但是小男孩真切感受到自己在英語方面能力的進步，還學到了很多書本上沒有的知識和經驗。更重要的是，這次活動，帶給了孩子一種「我一定可以」的心理暗示，並且透過這種積極的心理暗示，為孩子鼓起了勇氣，引起孩子在英語學習方面濃厚的興趣。

父母樂觀積極的言行舉止與心態是塑造孩子樂觀個性、行為的關鍵。孩子年紀越小，父母越要注意自己的行為是不是積極樂觀。因為孩子的年齡越小，越容易受到父母行為所引起的心理暗示影響，年紀越小心理暗示的效應也就越顯著。

家庭教育的潛移默化不是一朝一夕的事情，而是日復一日的成果。如果在日常生活中父母總是以消極的態度對待自己的孩子，即便在日常交流中也總是否定和批評孩子，長久下來，就會在孩子的潛意識中形成一面變形的哈哈鏡——不良的自我心理暗示。這樣的孩子常常從主觀上認為自己不行而自卑，進而造成孩子懷疑自己的能力與缺乏自信心，任何事情他看到的都是消極的一面，甚至可能造成孩子精神委靡、缺乏人生的動力和缺乏競爭意識。

所以，父母在生活中應該多給予孩子正確的評價和褒獎，孩子才會時刻被樂觀、自信、積極進取等情緒暗示。即使遇到挫折，也不會被挫折擊倒，依然保持向成功邁進的步伐。

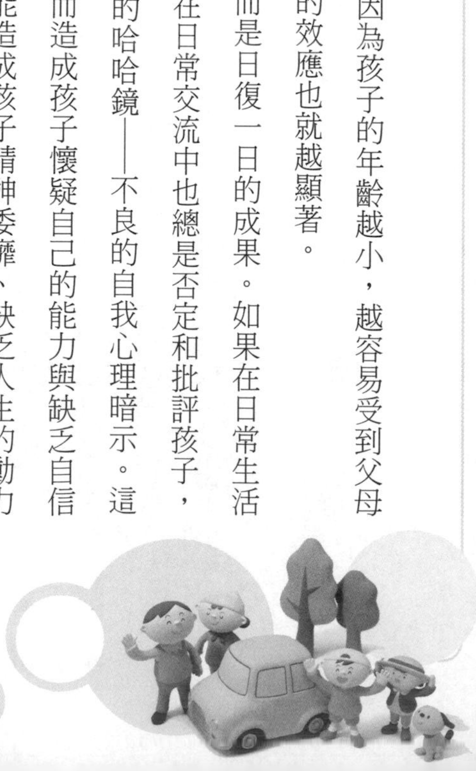

二．給語言注入積極因素，絕不給孩子貼各式各樣的標籤

買東西看標籤，這是每個人都懂的生活常識。但是，如果是隨口為孩子的行為貼上負面的標籤，卻很少有父母去細想這個問題對孩子心靈的傷害。在大多數父母眼中，孩子天生就該聽話。所以，父母對他們的優點、長處總是視而不見，而對他們的一些缺點、不良行為卻格外注意。

媽媽和一位同事聊得火熱的時候，十二歲的兒子強強坐在客廳的一角看書。婆婆媽媽的閒聊話題，往往脫離不了老公與小孩。說完了老公的不是，媽媽聊天的話題轉到強強身上，加上強強是父母的獨生子，媽媽的關愛眼神不曾一刻離開強強身上。

媽媽口中的強強簡直是罪大惡極，媽媽一一細數強強的缺點：一天到晚調皮搗蛋，不認真做功課、小錯不斷、愛看電視、玩電玩，房間裡擺滿了恐龍、魔獸等玩具，一練琴、練書法不是手疼就是肚子疼、玩線上遊戲一天都不累……媽媽的數落像鋼針一樣刺得強強渾身不自在，媽媽的這位同事可是強強最喜歡的阿姨，這下，自己算是顏面掃地了。

媽媽聊得正起勁，顯然不知道兒子已經離開了客廳。當兒子的房間裡傳來「叮噹、叮噹」聲的時候，媽媽才明白兒子的恐龍大戰已經在房間裡上演了。

媽媽嘀咕一句「我家這個淘氣鬼，真不知道該拿他怎麼辦？」之後，開始展現自己的權威：「怎麼回事呀？沒有禮貌啊？媽媽在和阿姨聊天呢！」兒子彷彿根本沒聽到媽媽的話，一邊玩還一邊「嘿！嘿！」地喊叫。

媽媽自覺強強根本把她的話當成耳邊風，於是提高了音調：「立刻收拾你那些爛東西！小心我動手打你！」

雖然房間裡慢慢安靜下來，媽媽還是沒忘了給兒子補上一句：「我兒子超級不懂事！」

「呯」，強強房間的門被撞開了。門上的玻璃散落了一地，閃著碎銀般的光芒，彷佛強強破碎的心。

媽媽一時間愣住了，她想不到自己的兒子怎麼會有這樣的舉動。

強強媽媽的錯誤就在於，她在不經意下一次又一次地給兒子貼上各式各樣的標籤，對孩子形成了消極的暗示，傷害了孩子的自尊心，才使孩子處處跟媽媽作對。

養育一個好孩子不是一件輕鬆的事情。有時，隨口說出的一句話有可能在孩子的心中翻滾沸騰，影響孩子的前途和命運。

有些父母輕易地給孩子貼上「你真膽小」、「你真笨」、「你真不聽話」、「你真討厭」、「你真能惹事」等標籤，目的雖然是希望孩子自己能夠反省，以便能改變自己。其實這些負面標籤只會帶給孩子強烈的心理暗示，降低孩子的自信心，不會促使孩子進行任何思考。

即便父母說這些話的時候，內心都是出於對自己孩子的喜愛，或者是學古人為了在親朋好友面前謙虛一下，卻在無形中造成對孩子自尊心的極大傷害。以致於孩子把父母的「標籤」根深蒂固地放在心上，長久下來成為成長障礙，故意去做一些令父母怨恨的事情。

有一位非常喜歡畫畫的人，一心想培養自己的孩子成為職業畫家。女兒讀國小二年級的時候，便教女兒開始學習畫畫。不曾考慮過自己的女兒是否有興趣或天分，女兒學了將近兩年都不見明顯進展。一天，父親生氣地說：「妳的智商和一年級的學生一樣！」女兒聽了立刻說：「那就算了。」從那以後，無論爸爸怎麼勸說，這個孩子就是不學畫畫。

心理學家認為，暗示對人的觀念和行為有著很大的影響。父母如果把注意力放在孩子的缺點和不良行為上，並反覆地批評他、指責他，其實就是在放大強化這些問題，是一種負面的、消極的暗示。

強強的媽媽逐漸明白了給孩子貼標籤，等於給孩子的成長之路設路障。於是，她試著以寬容的心包容孩子的缺點。

強強現在又迷上了線上遊戲，只要打開電腦，十次有九次是為了玩遊戲。但是家裡有規定，一週只能玩三次，每次四十分鐘，而且在完成作業前，不許打開電腦。但是，一段時間後，兒子對遊戲上癮的現象越來越嚴重。幾乎每天晚上，他都會要求：「我把功課複習完了，看我表現多好，讓我玩半小時遊戲吧！」

一個週六的晚上，強強從補習班回來，先是看了一小時卡通片，當媽媽提出請他回自己的房間休息時，他故技重施，要求玩線上遊戲。媽媽拒絕了。不料，強強突然在小屋大喊了一聲：「我今天什麼也不學了。」

飯做好了，媽媽沒事似地招呼兒子吃飯，兒子仍是氣呼呼的，一碗飯三兩下就吃乾淨，一口菜也沒吃就離開了餐桌。吃飽飯，媽媽對強強說我們去散散步，順路幫你買一些上課要用的文具。

走在街上，強強還在生悶氣，獨自走在媽媽和爸爸身後，媽媽琢磨著怎麼跟兒子談談。前面不遠處是一家網咖，隔著門窗望去裡面人不少，雖然門上掛著「未成年人禁止入內」的牌子，但也有一些學生在玩。

媽媽對爸爸說：「這些場所不許未成年人進入，可是這些店卻依舊違規經營。」

爸爸心有靈犀，立刻接說：「現在的商家想到的就是賺錢，哪管什麼孩子學不學壞呀？」

強強朝裡面望了一眼，說：「這些孩子為什麼不在家玩？」

媽媽趁機解釋說：「在家裡玩，父母肯定在一旁嘮叨，別傷了眼睛啊，別耽誤功課啊；在這裡玩家人管不著，時間越長越好，你玩的時間長，我賺的錢越多，你眼睛壞不壞，耽誤不耽誤功課跟我沒關係。」

強強低頭不說話了。

媽媽對爸爸說：「如果跟這些孩子相比，我們兒子還算是有自制力，從來不到這種地方玩。」

強強若有所思地點頭：「還真危險。」

媽媽見兒子有所反應，連忙拉起兒子的手說：「媽媽還想跟你商量一下，我們以後在電腦上學點別的，別光只是玩線上遊戲不行？」

強強問：「學什麼呀？」

爸爸說：「可以學的東西非常多。學習製作動畫片、上網找資料，豐富自己的知識。」

「好吧！我以後不玩遊戲了，聽媽媽的話，用電腦學知識。」強強很乾脆地說。

媽媽說要玩也是可以，但要能自己控制，等電腦知識豐富了以後，也可以設計新的遊戲。

散步回來後，媽媽趁熱打鐵，鼓勵兒子幫自己制訂一張電腦上網時間表。上面寫著上網時間、內容、成果。

強強說：「媽媽請提醒我即時關機，如果我這次超時了，我就在下一次補回來。」

爸爸高興地對強強說：「兒子，能做到不沉溺遊戲，說明你是個有毅力的人！」

聽了爸爸的誇獎，強強內心非常開心。

不管自己的孩子做了什麼令父母不滿意的事，父母都要替孩子留面子，不要把孩子的缺點展示在外人面前。對孩子的缺點和不良行為，不要只是籠統地貼上好與不好的評判標籤，而是要明確告訴他這麼做事是不對的、為什麼不對、怎麼做才是正確。

孩子知道自己哪裡錯了，為什麼錯了，改正後的同時再給孩子提出新的、更高一點的要求，讓孩子感到父母對他是信任中含有期待。

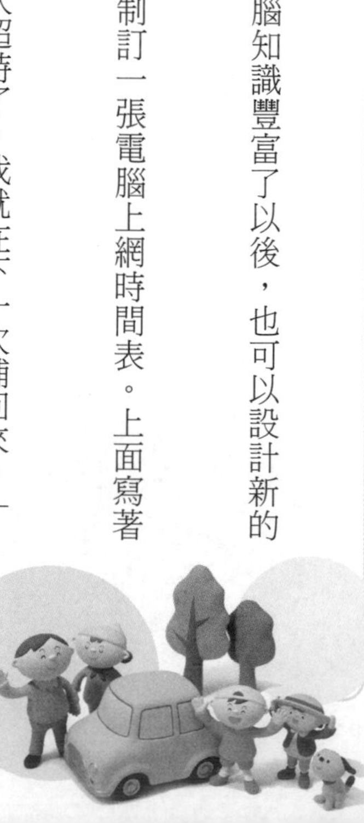

三．注重家庭人際環境，營造朋友式交流氛圍

家庭既是人才的誕生地，又是培養人才的搖籃。家庭環境在孩子的成長過程中具有極其重要的作用。家庭環境中的人際環境，諸如家庭和諧的關係，親切融洽的情感與氣氛，對孩子身心具有至關重要的影響作用。

夢夢小的時候，父親不幸去世。從此，夢夢成了媽媽精神上的支柱。媽媽竭盡全力提供夢夢最優越的生活，希望夢夢好好讀書，長大後成為有出息的人。

可是，夢夢的學校成績一直處在中等偏上，不管別人怎麼誇獎夢夢懂事，媽媽都表現不出任何熱情。

那天，媽媽帶夢夢去同事家做客，夢夢和主人家的小弟弟玩得非常開心。離開的時候，同事不住地誇獎：「妳女兒真不錯！漂亮又懂事！」聽到這話，夢夢本希望媽媽開心一下，誰知媽媽立刻說：「這孩子就是不用功讀書，我都苦惱死了！」

一句話，夢夢的心又掉進了冰窖裡。剛剛舒展開的眉頭，立刻又緊緊鎖上。

走到家門口，媽媽掏出鑰匙開門。夢夢忍不住說了一句：「媽媽，我想住在外婆家！」媽媽先是一愣，繼而問：「為什麼？」夢夢說：「我喜歡跟外公、外婆待在一

起。」

媽媽考慮到夢夢可能是想外公、外婆了，於是把兩位老人從另一個城市接到了家中。媽媽本來打算是讓老人家住一段時間就回去。可是，自從外公、外婆到了之後，夢夢每天都笑容滿面，而且只要他們說一句做完功課再玩，夢夢就會乖乖地去寫作業。在外公、外婆的陪伴下，不到半年，夢夢的學校成績就前進了好幾名。

在三代人的朝夕相處中，媽媽明白了女兒為什麼願意聽外公、外婆的話。外公、外婆雖然一把年紀，但是從來都沒有倚老賣老，而是尊重孩子的意見，把孩子放在首位。

從那以後，夢夢的媽媽再也不對自己的女兒擺出一副長者的架子，而是以朋友的方式與女兒相處。

良好的家庭環境是孩子健康成長的重要保證。一個家庭，如果父母互敬互愛、體貼關照，就會擁有和睦快樂的家庭氣氛。孩子不但能夠擁有健康的身心，還能體諒理解父母的用意，提高對學習的熱情和效率。

一個民主、平等的家庭環境，有利於造就活潑開朗、積極進取的孩子，而猜疑、爭吵、情緒喜怒無常的家庭氛圍，只能使孩子憂鬱、自卑、急躁，缺乏安全感。

如果家長把自己在家庭中的角色定位於檢查、批判的裁判或者警戒督導的員警。那麼，這樣的家長眼中的孩子錯誤率、不合格率將大大增加，因為這樣的家長只對錯誤感

興趣。久而久之，孩子感到不平等，和父母的關係疏遠。

想擁有朋友式的親子關係，父母心中要牢記「平等」兩個字。孩子是與自己平等的家庭成員，而不是家長的從屬。

孩子在成長的過程中最需要的是安定、和諧的家庭環境和父母完整的愛。可是，不和諧的音符總會上演，這就需要父母克制自己，不要在孩子面前吵架。即使夫妻感情破裂，也要做好教育孩子的工作，以免在孩子心中留下心靈的傷疤。

當今的很多家長都渴望自己的孩子能夠為自己臉上增光，卻往往忽略給予孩子足夠的面子。不會顧及孩子自尊的父母，不妨學學夢夢媽媽的做法。

有一次，媽媽帶夢夢出去玩。那天，夢夢可能是真的餓了。走在路上，她就從包包裡拿出剛買的蛋糕一口一口咬著吃。吃得嘴邊到處是白白的奶油，看到這個樣子，媽媽是既生氣又好笑。

但是想到女兒已經十歲了，雖然這樣做很不淑女，但是如果當眾指出來，女兒可能感到很沒面子。於是，媽媽拿出相機，把女兒狼吞虎嚥的樣子給拍了下來。

回到家，媽媽把照片放到電腦裡讓女兒看。女兒看了先是哈哈大笑，隨即明白了媽媽的意思。摟著媽媽的脖子說：「媽媽，以後我絕對要當小淑女，不再路上邊走邊吃！」

父母替孩子留面子，表現在生活中的各方面。

父母帶孩子出門，父母對他人對自己孩子的讚揚表現出欣喜，並積極表示感謝。而回到家中，當著孩子的面擠出別人溢美之詞中的水分，既保留了孩子的面子，也讓孩子看到一個真實的自己。

在餐桌上，如果孩子挑食，而這道菜又是對孩子成長非常有幫助的，父母不要硬把菜夾給孩子：「你應多吃些有營養的食物，像青菜，含維生素多。」、「不愛吃也得吃！這對你身體有好處，以後別再吃那些油炸食品啦，要多吃水果，多吃蘋果對你的皮膚有好處，還有核桃，補充腦力。」取而代之，而是徵求孩子意見。「寶貝，這個菜味道不錯！你大概沒吃過，嘗嘗看吧！」

父母顧及了孩子的情緒，使孩子保持了自尊，關係自然融洽。

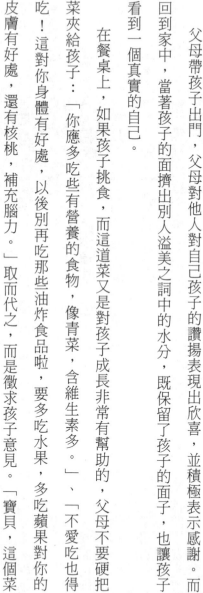

四・「無用的話」好處多，未雨綢繆孩子一生受益

一名七歲小男孩，在玩耍時拿著一根細鐵絲去插電源插座，被電擊後當場昏迷。這個孩子因為不懂安全常識，險些喪了命。報紙報導，洛杉磯一名八歲女孩，看到衣服在洗衣機裡轉動很有趣，竟將右手伸進去，一聲慘叫之後，孩子的手當即被切掉了二根手指……

面對怵目驚心的安全事故，可以說傷在孩子身上痛在父母心裡，值得全社會的父母引以為戒！安全知識不只是書面上的考試，如果不及格，絕對不是落榜那麼簡單而已，而是關乎生命的安危與存在。所以，生活在這個世界上，為了預防各種不測發生在自己身上，必須掌握必要的安全知識。

孩提時代，培養孩子安全知識的重責大任落在父母親身上。由於孩子缺乏危機意識，沒有切身的感受，這些在父母眼裡非常重要的安全觀念，在孩子心中十之八九是「無用的叮嚀」。

嚴嚴一直是同學眼裡的可憐人。這源於嚴嚴有一個最愛嘮叨的媽媽。雖然媽媽嘮叨的都是關乎生命安全的大事，但是在嚴嚴和他同學眼中根本就是多餘。

每天上學前，媽媽都會說「過馬路要當心」、「看好紅綠燈，千萬別搶快」、「路上別貪玩」、「放學要立刻回家」、「在學校別追趕、動手打鬧」、「用鉛筆、鋼筆要小心，跟同學說話的時候，不要用筆對著對方的胸部」、「天冷，別穿裙子！以後凍傷了腿，有妳好受的！」、「公車來時別急著跳上車，等車停穩了再上」、「車開走了，別急著追，等下一班就好了」……

講得最多的是有一個同學放學晚了，走近路，被一個騎摩托車的壞人攔住。那個同學情急之中大喊：「救命！有壞人！」並拼命掙扎，有幾個路人聽到喊叫聲跑過來把那個壞人給嚇跑！講完這個故事，每次媽媽都對嚴嚴說：「天黑之前必須回家，以免被壞人盯上！」

當然，媽媽還會像留聲機一樣對嚴嚴播報各種交通事故，以提高嚴嚴的警覺性，注意交通安全。

聽媽媽講這些事情的時候，嚴嚴全然一副心不在焉的樣子。這時，媽媽就會對嚴嚴說：「這可不是小事情，我知道妳嫌我煩，但我還是要說！」事實上，媽媽的這些話還是清楚地印在了嚴嚴腦海中。

一天，嚴嚴和幾名同學一起走在放學的路上。眼見著綠燈轉為紅燈，嚴嚴警覺地拉住了隨行一位同學的手。不遠處的一位同學卻不顧一切向前衝了過去，這下可好，被一

輛急行的汽車撞傷腿部，鮮血順著傷口一滴滴流下來，把嚴嚴都嚇傻了。

回到家，嚴嚴趴在媽媽的肩膀大哭一場，抽噎著說：「媽媽，以後我再也不嫌妳嘮叨了！要不是妳的嘮叨，今天我的腿也可能被撞斷了。」

即使這些安全知識在孩子眼裡是無用的嘮叨，父母也不能因為孩子的無所謂，就放棄灌輸孩子這些安全知識。在這方面嚴嚴的媽媽做得就很好，也確實起了防微杜漸的作用。

那麼，怎樣才能使得這些安全防範常識在孩子心中紮根，並達到潛移默化無聲的效果呢？

自從嚴嚴的同學出事後，媽媽趁著嚴嚴具有較強烈的危機意識時，帶著女兒踏上了安全學習的旅途。

安全標識，可謂街道上無處不在的告示。現在的孩子普遍缺乏安全觀念，即使是幾十歲的小朋友，仍然不懂安全標示，也絕對不誇張。媽媽取出家裡的安全小冊子，一一替嚴嚴講述交通、衛生、電力等各系統的標識。

媽媽讓嚴嚴重新背誦了一遍各個緊急電話號碼，以及父母辦公室聯絡電話，甚至記下附近可以提供援助的朋友電話，以備不時之需。

媽媽告訴嚴嚴，坐轎車的時候，要等著家長親自下車幫她開車門、關車門，以確保安全。無論是公車還是家庭轎車，都不能把頭探出車外。即使坐腳踏車和摩托車也要戴上安全帽。

講完這些，媽媽打開當天的報紙。報紙上報導當天一棟大樓發生火災。起火後，樓內被驚醒的住戶穿著睡衣，裹著被子邊喊邊往外跑，消防人員一邊安撫疏散下樓的居民，一邊拿著滅火器往樓上衝。

媽媽告訴嚴嚴，水火無情，一定要掌握一些火災後的自救方法。當發生火災後，一般應迅速選擇與火源相反的通道脫離危險地方。逃離火場若遇到濃煙時，應儘量放低身體或爬行，千萬不要直立行走，以免被濃煙嗆傷窒息。如果時間充分，可用濕毛巾捂住口鼻、用濕衣物包裹身體。對有避難層、疏散樓梯的建築物，可先進入避難層或由疏散樓梯至安全地點。疏散時不要驚慌失措，要有秩序的前行。

如果火從樓下燃起，可以披上用水浸濕的衣褲或被單由樓上快速衝下來。如果樓梯已經燒斷且火勢相當猛烈，可利用房屋的窗、陽臺、自來水管等逃生。在有把握的情況下，可以將繩索（也可用床單等撕開連接起來）一頭綁在窗框上，然後順繩索滑落到地

面。若各種逃生之路均被切斷，也應該鎮靜自救。可退居室內，採取防煙堵火措施，關閉門窗，並向門窗上澆水，以延緩火勢蔓延過程，同時要反覆向室外發出求救信號，等待救援。

媽媽還告訴嚴嚴使用瓦斯、熱水器時，應充分保持室內通風，保持足夠的氧氣，防止瓦斯中毒。使用人工點火的瓦斯爐，在點火時，要秉持「火等氣」的原則，即先將火源湊近灶具然後再開啟氣閥。經常保持檢查瓦斯、熱水器安全，發現瓦斯外洩即時檢修，使用過程中遇到瓦斯外洩的情況，應該立即關閉總閥門，切斷氣源。瓦斯器具在工作狀態中，人不能長時間離開，以防止火被風吹滅或被鍋中溢出的水澆滅，造成瓦斯外洩而發生火災。用完電器隨後拔掉插頭，使用電器前，必須擦乾雙手。有漏電情況時，應即時拔掉插頭，或以木棍等絕緣物品將插頭鬆脫，避免以手碰觸而觸電。

五・不許諾以物質滿足轉移孩子的負面情緒

在家長眼裡，孩子的負面情緒，比如生氣、傷心、哭泣、發怒等，是孩子不快樂的表現。每當孩子出現這些情況時，為了轉移孩子的注意力，讓孩子快樂起來，父母常常以物質的滿足或者誘惑來轉移或處理孩子的情緒問題。殊不知，這樣做非常不利於孩子學習處理情緒問題。

偉偉坐在媽媽幫他買的、畫有長頸鹿的靠背椅上，手裡拿著小錘子，專心致志地用小錘子釘釘子。媽媽坐在不遠處一邊打毛衣一邊注視著兒子，還不時指導一下兒子。

「釘子的一端，尖尖的，如果不小心釘到手指上，會出血的！要小心呀，寶貝！」媽媽提醒兒子。

「知道，媽媽！」偉偉回答。

媽媽看著兒子還不能完全握住錘子木手把的胖小手，在木板上一下一下地釘著，不免發出感嘆：「才這麼大，就會釘釘子了！」

「哇……」伴著一聲強烈的哭叫，偉偉扔下手裡的錘子站了起來。「釘到手流血了！」兒子哇哇大哭起來。

媽媽放下手中的工作，抱起偉偉。嘴裡不停地說：「乖兒子，不哭，不哭。」然後開始幫兒子拿藥水、消毒。

整個過程，兒子始終都在哭。媽媽無奈地對兒子說：「寶貝，別哭了！媽媽買你最喜歡的變形金剛給你！」

聽到媽媽終於肯買給自己心儀已久的玩具，偉偉立刻停止了哭泣。

媽媽見這招如此好用，以後見到兒子一不高興就許諾買東西給兒子。兒子呢？一想到要什麼東西，就找理由哭泣。

有一段時間，社區裡的小孩流行玩螢光槍。偉偉對媽媽說：「媽媽買螢光槍給我吧！」媽媽說：「家裡的玩具已經非常多了！」結果，下午偉偉被廚房的椅子絆了一下，偉偉立刻蹲在地下大哭。媽媽連忙走過來哄偉偉。偉偉說：「媽媽，妳買螢光槍給我，我就立刻不疼、不哭了！」

這下媽媽愣住了。兒子才這麼大怎麼就學會了和自己討價還價呢？

其實責任全在於媽媽！如果每次在孩子哭鬧和傷心的時候，家長就給予物質的補償，孩子就會認為傷心的時候媽媽就會給好東西以制止悲傷。其實，這種以物質刺激孩子轉移情緒的方法非常不利於孩子成長。

悲哀、傷心、生氣是每個人都會發生的情緒。有句話說：「六月天，孩子臉，說變就變。」孩子控制情緒的能力較差，稍有不順心就會大喊大叫、大哭大鬧。如果父母過度關注，甚至以物質許諾孩子，將非常不利於孩子學習情緒控制。

這樣的做法會使得孩子認為憤怒或者哀傷的壞情緒是不好的，不應該出現。以致於控制情緒的能力不足，該發怒的時候不會發怒，心情不好的時候不會尋找途徑發洩。不給孩子生氣的機會，不讓孩子產生負面情緒，也就使得孩子無從發展情緒的承受能力、處理能力和調節能力。以致於EQ低，人格不健全，動不動就發脾氣、走極端，成年後極易發生心理障礙。

壞情緒和好情緒一樣都有其存在的必要性。當孩子情緒不好以某種方式宣洩的時候，父母只要覺得孩子的宣洩方式不過分、不會對自己和他人帶來傷害，就不要制止、喝斥。這樣，孩子就會覺得父母允許自己適當地宣洩心中的不快，這對孩子來說是一種無聲的肯定。如果父母再透過適當的方式表達

支持，將更有利於孩子學會消除負面情緒。

一天下午，偉偉打電話邀請同學來家裡玩。同學不在家，電話是同學的媽媽接的。同學的媽媽告訴偉偉：「他去參加你們班一位同學的生日宴會了，你忘了嗎？」

偉偉很疑惑，沒有人告訴自己今天過生日呀？有誰過生日會不邀請自己呢？掛斷電話，偉偉一個下午心情都悶悶的。

父母問偉偉怎麼了？偉偉把情況一五一十地跟父母說了。

「哦，你是因為同學過生日沒有邀請你，才心情不好的吧！」媽媽撫摸著兒子的頭說。

「我兒子生氣了呀！」爸爸說。

偉偉獨自坐了一會兒，想到自己悶悶不樂會影響父母的情緒，於是眉頭舒展開來。

偉偉的父母見到兒子不高興，不妄加評論，只是很知趣地讓孩子把情緒表現出來。這樣，偉偉就明白了自己當時的樣子很不好。像偉偉父母這種通情達理的做法，更易於孩子情緒的恢復。

轉移孩子壞情緒的方法很多，最重要的是父母要走進孩子心裡，積極幫助孩子從壞情緒中走出來，就能提高孩子對自己情緒的控制能力。

當孩子表現出壞情緒時，爸媽可以適時打開輕柔的古典音樂，讓孩子聆聽，孩子自己就會慢慢平靜下來。平時，多給孩子傾聽柔美的音樂或者父母和孩子一起學兒歌、唱歌、跳舞也利於孩子愉快情緒的培養。

大部分孩子都愛聽故事。如果發現孩子很容易產生壞情緒，不妨講一些與「壞情緒」有關的故事給孩子聽。對於故事裡的「壞情緒」孩子，講述的時候可以描繪得繪聲繪影，最好與孩子日常行為有相似點。在故事中透過「壞情緒」孩子不被人喜歡和情緒好的孩子被人喜歡的對比，讓孩子從中找到自己的影子。然後啟發孩子「做一個壞情緒孩子還是做一個好情緒孩子呢？」孩子從故事中明白做一個好情緒孩子的重要，就能夠學習控制自己的情緒。

如果是一個非常喜歡玩具動物的孩子，不妨教會孩子養成跟小動物訴說心事的習慣，這樣等孩子長大了，就會順利地把傾訴對象從小動物過渡到小朋友、小同學等。

孩子發脾氣都是有原因的。如果父母抽出時間，和孩子坐在一起，聽孩子說說、陪孩子聊聊，孩子的情感得到了滿足，心中的不快得到了紓解，孩子自然很快就會好起來。

六．一定要讓孩子明白父母永遠愛他

在國外有一家孤兒院，當一些孤兒被送到這裡後，總是常生病，有的孤兒甚至很快死去。後來，醫院改變了撫養方式，每個孩子每天都被擁抱半個小時。從此，奇蹟發生了，孤兒的存活率大大增加。由此可見，愛的擁抱對孩子的成長具有多麼重要的作用。可是，當今的很多家長，在養育孩子的過程中，對於「愛」的給予總是顯得很吝嗇和無所適從。

凡凡從外婆家來到父母工作的地方。一家人居住在一間租來的公寓裡，生活還算富足。這之前，凡凡都和外婆生活在一起。在他眼裡，外婆就像自己的父母。當一年只見一、兩次面的父母打算把他接到身邊的時候，凡凡怎麼也不願意。外婆含著眼淚說：「外婆老了，你必須回到你的父母身邊。」凡凡才依依不捨離開外婆家。

在凡凡的記憶中，最親的人是外婆。小的時候，自己被人欺負，是外婆抱著自己找人理論，並讓對方向自己道歉。每次生病都是外婆陪在自己身邊，幫自己餵藥。

至於父母，留在凡凡記憶中最深刻的就是五歲那年發生的一件事情。媽媽從家鄉臨出門的時候，凡凡死死摟住媽媽的脖子不放手。不管媽媽怎麼哄騙，孩子就是不離開媽媽的身體。別人強行抱過去，孩子就哇哇大哭。

媽媽沒辦法，狠下心說：「你要是跟媽媽去，媽媽就把你扔到樹林裡，把你餵狼！到那時，你就永遠見不到媽媽了！」

在那個時候，凡凡的媽媽心中想的就是多賺錢，改善家裡的生活條件。卻沒有想到離鄉背井外出工作，會引起孩子心靈深處的害怕與被遺棄感。

凡凡在父母身邊的日子在外人看來還算不錯，但是在凡凡眼裡，父母和自己隔著一條河。這條河，把凡凡的內心話隔在了岸邊，當然快樂也被隔在了岸邊。

一次，由於誤會，爸爸誤解了凡凡，導致凡凡離家出走。雖然最後兒子有驚無險地被找到了，但是卻提醒了凡凡的父母從繁忙的工作中抽空多關注自己的孩子。從那以後，凡凡的父母儘量多和孩子待在一起，陪孩子玩耍、聊天，還經常替孩子做可口的飯菜。

眼見著笑容逐漸在兒子臉上綻放，凡凡的父母終於明白了一個道理：即便是骨肉至親，若缺少愛的表達，也會彼此疏遠、感情淡漠。

養育孩子，首先要瞭解孩子。從孩子小的時候起，他們就擔心得不到父母的關愛和被父母遺棄。世上沒有什麼能抵得過父母在孩子心中的分量。如果父母時刻關心孩子，孩子就會認為自己在父母心中佔據著重要位置，感受到父母對自己的疼愛。

雖然分離性焦慮不可能完全避免，而且在一定程度上對孩子的成長有一定的益處，但是長時間的分離，就可能使得親情淡漠。所以，日常生活中父母千萬不要用遺棄孩子來嚇唬他。否則，孩子就真的會感到自己是被父母遺棄。

孩子小的時候，即使不是長久的分離。但父母一個厭惡、不耐煩的眼神都會使得孩子內心不夠安全；如果孩子哭鬧一陣，父母沒有反應，孩子心裡就會出現被遺棄感。一個在被遺棄的恐懼中成長的孩子，長大後會出現很多心理問題。比如，對自己和他人都缺乏信心，性格孤僻，難以處理人際關係，對生活的看法容易悲觀等。而一個經常有父母陪伴的孩子，他的內心就會感到安全，便比較少遇到成長問題。

為了讓孩子時刻感受到父母對自己的愛，為人父母者不妨平日多抱抱自己的孩子，多送些他喜歡的禮物！

擁抱是日常生活中最容易實現愛的表達方式。調查顯示，有近百分之七十的孩子喜歡父母的擁抱。有近三分之一的孩子認為人的一生都需要父母的擁抱。

在孩子成長的不同時期或者特殊的日子，比如生日、耶誕節、春節等，贈送孩子代表一定意義的禮物。孩子在擁有禮物的驚喜中，會牢牢記住父母對自己的愛。

麗達・海曼是美國著名的小提琴演奏家，她這樣描述自己在耶誕節收到禮物時的情景：耶誕節的清晨，我一醒來，發現我的床邊沒有任何禮物，我的淚水一下湧了出來，沒有跟媽媽打招呼就衝出家門。傍晚我回到家裡，看見我的書桌上放著一份精美的禮物。那是一把小提琴。我驚喜萬分！母親含著微笑對我說：「麗達，當妳不在家時聖誕老人送給妳的禮物。」我感動得淚流滿面，一下撲進母親的懷裡，我知道，這個世界上沒有聖誕老人，只有愛我的母親！

一個孩子接受到來自父母的愛越多，他就會越愛自己的父母，就會成長得越陽光，抵抗風雨的能力也就會越強。那麼，從現在開始，在生活的每一天，都盡可能多愛自己的孩子一些吧！

3

會說話的父母善點撥，

鼓勵孩子插上騰飛的翅膀

念貴族學校、出國留學、賺高薪……當今很多家長，孩子還沒出生就替孩子的未來描繪好了藍圖。等孩子長大了，卻發現自己的孩子處處與自己的期待背道而馳。其實，這都可以歸咎於失敗的家庭教育。當個會說話的父母，善於指導孩子，才會使孩子擁有一個大好的前程。

一．為孩子設定目標，讓孩子自己管理自己

哈佛大學曾對一群大學生做過一項非常著名、關於目標對人生影響的追蹤調查。調查顯示，沒有目標的人，他們的生活過得並不如意，並且常常抱怨這個「不肯給他們機會」的世界。所以，要想培養一個積極進取的孩子，讓抱怨遠離孩子的生活，絕不能忽視設定目標。

當今的許多孩子不知不覺間追求如此的目標——學習＝考大學＝孩子人生目標。順著這個名正言順的教育方程式，孩子們懵懵懂懂地開始、正在進行著為期十幾年的基礎教育或是大學教育。很多孩子感受不到學習的樂趣，只是被動、盲目地為分數和家長而學，全然不知道自己在幹什麼，要去哪裡。在這種情況下，孩子缺乏人生目標，不容易有所作為。

非常的不容易，找到真正人生的目標！往往因為這個目標不是孩子自己真正想要的，只是一個「傀儡目標」！這時，身為家長，一定要適時指導，幫助孩子發現自己最想得到的東西和最感興趣的東西，以確立人生的方向。

在一個測試卷上，青青和一些同學因為對網路的愛好和迷戀都選擇了開一家網咖做

為自己的人生目標。很多同學被家長斥為「沒出息、不務正業」。

只有青青的父母沒有斥責孩子。他們考慮到，一個孩子若能有豐富的網路管理知識和經營能力，又有溝通和管理能力，能開一家有特色的網咖，也沒有什麼不好。

青青的父母在肯定了青青的人生目標後，幫助青青做了目標設計，青青要開網咖，眼前最重要的還是努力學習。於是，從網路上收心回來，開始用心學習。

當青青學習興趣越來越濃厚的時候，青青決定要考取一所自己喜歡的大學。

放學後，青青坐在書桌前面對攤開的作文本發呆。媽媽問：「怎麼了？不舒服嗎？」

青青說：「媽媽，我沒有不舒服，只是不會寫作文而已。」

看著女兒一副愁眉不展的樣子，媽媽也被感染了。女兒最近用功讀書，成績一直處於進步的狀態。可是，缺乏寫作的劣勢也逐漸表現出來，文科不好，勢必影響其他學科的成績，如果不從現在努力趕上去，上大學後會非常吃力。

於是媽媽向有經驗的家長及老師取經，決定藉由目標設定法把青青的作文能力提高。

三年內實現大目標是讓女兒的閱讀、寫作能力達到高標，寫作能力全面提高。媽媽將這個目標分成五步來實現。

第一步：利用三個月的時間，每天晚上抄寫一段精美的文章。三個月後，在抄寫的基礎上，藉由模仿自己寫一段，時間持續半年。

第二步：每天晚上抄寫兩段精美的文章。並在抄寫的基礎上，模仿寫一段，總共時間持續半年。

第三步：在抄寫的基礎上，每天晚上模仿寫兩段，總共時間持續半年。

第四步：抄寫量自己視情況而定。每天晚上模仿寫三段，總共時間持續半年。

第五步：抄寫量自己視情況而定。每週仿寫四百字的短文，總共時間持續半年。

第六步：抄寫量自己視情況而定。每週自己命題訓練，寫四百字左右命題作文。

青青的每個小目標落實的時候都是一絲不苟，每幾個月媽媽都會拿著孩子的目標成果向文學人士或者國文老師諮詢，對於孩子每一次的習作，只要有進步，媽媽都會提出中肯的讚賞，甚至對於青青的表現大佳鼓勵。對於老師的評語，媽媽也會指導青青理解、接受。

三年過去了，青青以優異的成績考取了明星高中。被錄取的時候，一家人興奮不已。媽媽告訴女兒，目標是一個很偉大的東西，能把妳帶向成功！

目標的力量是偉大的。因為目標是隱藏在奮鬥者心中的希望。一個希望本身就包含著對現實的否定、對自我的肯定、對未來的預測和關注。這種肯定與否定的對立統一，

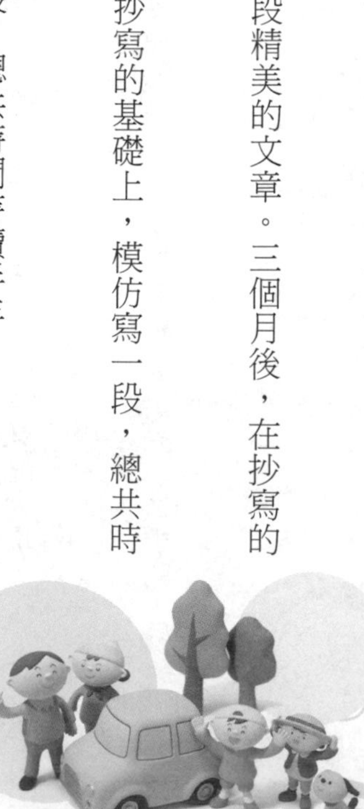

推動了一個孩子為實現希望、達到目標而充滿信心地學習。一個孩子有了希望，就有了心中的嚮往和不懈奮鬥的動力。

生活中常常見到這樣的孩子，剛買回來的課外讀物就想一口氣把它全部讀完；看到有的孩子在舞臺上翩翩起舞，恨不得學了一年就要上臺表演。好高騖遠、不切實際是人性的弱點，孩子更容易陷入目標離自己的能力相差太遠的盲點。

目標是人們奮鬥所要達到的境界或標準，面對沒有目標或者目標設置不合理的孩子，父母適時地給予指導，是造就孩子的不二法門。試想，如果青青的父母，面對孩子的國文弱勢。不積極尋找方法，而是消極對待，任其繼續下去，那麼，青青也就難以踏入明星高中的校門。

青青的媽媽說：「看著女兒累積了幾乎與身體同高的作文抄寫本和仿寫本。不得不感慨目標的巨大力量。」

當家長幫助孩子樹立目標的時候，為了達到能夠良好地指導孩子的行為，這個目標必須具有一定的可行性。一定要避免「假、大、空」。

首先，父母要考慮到為孩子設立的這個目標自己的孩子能夠實現。就像青青的媽媽一樣，不是要孩子一步登天，而是一點一點追趕上去。跳起來，摸得到，孩子才會有跳起來的興趣、信心和勇氣。如果要一個見到作文就頭疼的孩子，一兩年內實現作家夢，不但會嚇倒孩子，也會影響孩子其他科目的學習。

其次，幫孩子設立目標，父母不要把自己的興趣強加在孩子身上。如果這個目標不是孩子所想的，就對孩子沒有吸引力，激發不起孩子為之奮鬥的決心和勇氣，這個目標對孩子來說是無效的。

即便在父母眼裡再沒有出息的孩子，他的內心深處都是渴望成功、渴望輝煌的。竭盡全力幫孩子確定一個容易實現的目標，就等於給了孩子一個美好的前程。因為當孩子在實現目標的過程中，能力不斷增強，就會看到更偉大的新目標，並且朝著目標奮進的信心和勇氣也會增強。實現了一個又一個小目標後，就會萌發較高層次的目標，不懈的進取心又把注意力指向這個新的目標，就這樣目標不斷地遞次推進，孩子不斷努力追求，最終會攀登到最高峰。

二・告訴孩子別怕失敗，再來一次

想成大事者一定要明白什麼時候需要堅持這個道理。在失敗面前，保持內心的堅定，不被失敗擊倒，用百倍的信心，萬倍的熱情，向勝利衝刺，這才是想成大事者做事應有的態度。而這種態度，需要從孩子小的時候就開始著手培養。

就像每個人都要經歷失敗一樣，每個孩子都不可避免地出現挫敗感。當孩子出現挫敗感的時候，父母怎麼辦？一定要振作起來，告訴孩子，失敗並不可怕。引領孩子鼓起勇氣再來一次，下一次就會是另一番情景！

琪琪五歲那年，去姨媽的鮮花店玩。那天正好是情人節。媽媽鼓勵女兒幫姨媽賣花。於是，琪琪就站在鮮花店門口，抱著一大束豔紅的玫瑰，見到有人過來，就說：「叔叔，買花嗎？」、「阿姨，買花嗎？」

二月的天還很冷，小臉凍得發紅的琪琪見沒有人買花，就走回了店裡。媽媽說：「寶貝，灰心了？」

琪琪對著兩手哈氣說：「好冷、好冷呀！大家好像對我的花並不感興趣？」

媽媽鼓勵女兒：「妳有沒有祝福情侶們愛情甜蜜呢？妳瞧，那邊有一對情侶走過來了！去試試！」

琪琪抱起媽媽遞過來的花束，重新站到鮮花店外面。那對情侶越走越近，快到鮮花店門口的時候。琪琪迎上去說：「叔叔、阿姨，祝你們愛情甜蜜！」

「哦，謝謝！這個小女孩真漂亮！我們買這束花！」那對情侶開心地說。

「謝謝叔叔、阿姨！」琪琪忍不住跳了起來。

媽媽告訴琪琪：「沒有誰天生什麼都會做，什麼都能做得好。只要不怕失敗，多做幾次，就能獲得成功！」

成功是每個家長對孩子未來人生的期待。比薩店的創始人卡納利說：「我在失敗以後，從來就沒有退縮的念頭，而是積極思考失敗的原因，努力想出新的辦法。因為你根本不能確定你什麼時候才能成功，所以你必須先學會失敗。」

琪琪的媽媽覺得，培養一個能夠坦然面對失敗的孩子，必須讓孩子多做事、多經歷挫折。為了讓孩子從做事中體會到失敗是可以戰勝的這個道理，父母要在孩子懦弱退縮的時候適時與孩子溝通，在肯定孩子以往成績和努力的基礎上，給予適當的指導以及積極的認可，激發孩子繼續前進的信心和動力。

看到很多孩子穿著直排輪鞋在公園悠閒地滑動搖擺，琪琪很羨慕。揚起臉對爸爸說：「爸爸，我也想學直排輪！」

爸爸說：「好啊，爸爸來教你！」

爸爸做事向來乾脆，利用休息日幫琪琪買齊了直排輪鞋和護膝、護肘、頭盔等輔助用具。開始滑行前爸爸先讓琪琪腳踝做直腿抬高，然後讓琪琪坐在椅子上腳踝反覆伸直膝關節。

然後爸爸選擇了一大塊空地做為練習場所。空地開闊平坦而且沒有障礙物，非常利於琪琪的滑行和對技巧的掌握。

有人說，溜直排輪沒有不跌倒的。果然，琪琪剛上路，滑行了不到兩公尺身體就失去了平衡，啪一下摔在了水泥地上。爸爸把琪琪扶起來，發現一側的膝蓋和腿部出現了擦傷。爸爸用生理食鹽水把傷口洗淨，告訴琪琪注意保護。

爸爸說：「如果受傷處有血液滲出千萬不能亂擦藥，應保持乾燥，同時，一定要即時把傷口上的小石頭清理乾淨，然後用生理食鹽水消毒。」

接著，爸爸問琪琪：「摔傷很疼吧！還要不要學溜直排輪！」

琪琪面露難色，搖搖頭。

爸爸告訴琪琪，學習直排輪沒有不跌倒摔跤的。但是，掌握了技巧就可以摔得不那麼痛，減少皮膚受傷的可能！

當身體失去平衡的時候，不要像剛才一樣，忙亂地用手去支撐身體，因為這樣很容易造成手臂的骨折。可以採取抱頭、滾身，使肩膀首先著地，然後趁勢一滾的方式，這樣損傷就能降到最低。

「學習直排輪沒有不摔跤的，摔了一次就退縮了，這麼膽小，還是不要學了！」爸爸對琪琪說。

被爸爸一激，琪琪立刻說：「我不是膽小鬼，一定要學會！」

有信心就有力量，在爸爸的幫助下，不到一個月，琪琪就能自己在小公園裡溜直排輪了。對琪琪的父母來說，直排輪除了幫助琪琪增加了身體的協調能力、平衡能力，最重要的是鍛鍊了琪琪的膽量和克服困難的能力。

剛毅與軟弱之間並不是萬里鴻溝，剛毅的人也曾經有過猶豫、顧慮、動搖、失望等情緒，只是他們擁有一顆勇敢的心，最終以剛毅戰勝了軟弱。

琪琪的父母就是按照這樣的心靈訓練，培養一個性格剛毅、不怕失敗的琪琪。

現在琪琪已經能夠在大樓間、公園裡、操場上瀟灑自如地滑動，當琪琪身輕如燕地向父母擺出各種姿勢的時候，琪琪的父母明顯感覺到女兒全身散發出來的滿滿自信。

為了培養琪琪，父母除了在琪琪做事情的時候注重建立孩子對失敗的態度，還經常講述名人不怕失敗的故事給琪琪聽。

大發明家愛迪生在發明電燈時，為找到經久耐用的燈絲，愛迪生和他的助手做了

一千六百多次耐熱材料和六百多種植物纖維的實驗。雖然期間聽到過各式各樣的嘲笑，但是他依然不氣餒，終於在經歷了一次又一次的失敗後，獲得了成功。

數學家陳景潤從小失去親生母親，長大後又多病，在學校被別人視為怪人。好不容易大學畢業後開始工作，卻不幸生病。被送進醫院一檢查，他患有肺結核和腹膜結核症……命運為這位數學天才預設了這麼多障礙，可是他從沒有被嚇倒過，始終堅持數學研究，終於取得了成功。

在父母不斷地教誨中，琪琪逐漸明白任何困難都是暫時的，只要充分相信自己，就一定會出現「柳暗花明」的景象！這使得琪琪做任何事情都信心滿滿，每一天生活得充實又快樂。

三．正視孩子的成長，給孩子據理力爭的機會

「等我回家問問孫子！」這是當今一些老人經常在自己的同年齡朋友面前說的一句話。如果做為年輕的父母，仍舊把孩子視為蹣跚學步、牙牙學語的階段樣子，那就大錯特錯了。孩子已經長大，他有了他的想法，他腦海裡的新知識、新思維，從某個時刻起已經超越了自己的父母。

如果父母不與時俱進，很可能就會因為誤解發生衝突。

媽媽從廚房裡探出頭來問：「達達，作業寫了多少了？」

達達頭也不抬地說：「我正在寫呢！幹嘛老是催我，把我的腦子搞亂了，寫錯了怎麼辦？」

媽媽接著喊：「達達，寫完作業把房間裡的玩具收拾一下再出來！」

達達回答：「玩具一會兒還要玩，再拿出來太麻煩，我出去玩啦！」

媽媽掃視了一下客廳沙發上的衣服，對達達說：「把脫下來的衣服整理好，別扔得家裡到處都是。」

媽媽見達達沒有從自己的房間出來，從廚房走出來，對達達說：「哦，原來妳沒有

寫作業在玩電腦！」

達達生氣地回媽媽一句：「我沒玩電腦，在寫作業呢！」

媽媽提高了聲音：「妳這孩子，我都看到了，妳還狡辯！在電腦上怎麼寫作業？」

看到媽媽走進自己的房間，達達連忙站起身來，抱住媽媽向門外推：「求求妳了，給我一點自由的空間吧！不懂就不要亂批評人！」

媽媽生氣，大聲說：「我是在培養妳良好的生活習慣，怎麼會是限制妳的自由！」

達達也不由自主地提高了聲調：「妳根本就沒搞明白，就胡亂批評我！我把衣服放在客廳裡是準備洗的，我正在寫作文，用電腦查資料呢！」

達達心理委屈極了，媽媽根本就不懂電腦，就亂批評人，真是受不了。

而此時，媽媽脫下圍裙走進了自己的房間生悶氣。爸爸正在臥室裡看書，母女的對話他聽得清清楚楚。他告訴媽媽，孩子已經長大了，做父母的也要隨著孩子的成長而成長，這樣才能真正走進孩子的心裡，和孩子有效溝通。

有些家長在被孩子質問或者辯駁的時候，常常不能冷靜對待。這些家長倚老賣老，看不到自己孩子的成長，所以在孩子面前放不下身段。殊不知，當今的時代孩子獲得知識的途徑已經大大增加，如果父母不即時充電，權威被瓦解已經成了一件很容易的事情。

父母在教育過程中冤枉孩子是常有的事情。就像達達的媽媽那樣，明明自己沒有搞懂，卻認定女兒是在玩電腦。這樣，孩子心裡怎麼會舒服呢？

鑑於這次教訓。達達的媽媽積極學習各方面的知識。尤其是關於電腦上網、打字、遊戲，媽媽這個資訊門外漢也放下了身段，利用星期天向女兒討教，一點一點都學會。

達達平時不愛做事，為此老是挨媽媽罵。但是，一直都沒有收到好的效果。還常常因為唇槍舌戰而使得母女雙方都不高興。

為了提高達達的動手能力，媽媽在爸爸的幫助下幫達達訂了一個「君子協議」。如果自己能保持房間的整潔，做得好可以加分；如果把髒衣服主動扔進洗衣機裡就加分；如果髒衣服亂扔亂放，就扣分；如果吃完零食主動收拾乾淨就加分；如果吃完零食垃圾扔得到處都是就扣分；如果作業即時完成就加分；如果作業做不完就看卡通影片就減分。如果一個學期下來，達達成績不錯，就獎勵一次全家旅遊，所去地點由達達挑選。如果成績不理想的話，達達就要刷一年的馬桶。

雖然達達覺得有點被強迫的意味，但是爸爸對她說這是對她的考驗和訓練，非常利於她的成長。父母以一次全家人其樂融融的旅遊做為籌碼，充分顯現了父母的誠意。因為父母的工作一向都很忙，能抽出這麼多時間不容易，媽媽一向節儉，如此捨得花錢的機會可是不多。

達達覺得這麼做也不錯！於是就在協議上簽了字。結局當然是達達贏得了一次全家人旅遊。

即使父母精通的領域，媽媽也是在問明女兒後再下定論，絕不因出現反常現象就對女兒大吼大叫。

那天，媽媽下班回家，正巧碰見樓下的街坊鄰居在找小狗。等到了自己家裡，卻發現達達正抱著街坊鄰居家的小狗玩呢！

媽媽當時就想讓女兒把小狗給送回去。可是想到，女兒不是那種隨便拿別人家東西的人，於是便坐下來問問女兒是怎麼回事。

這時，達達的同學從房間裡出來了。達達對那名女孩說：「給妳，趕緊送回去給人家。這隻小狗是我家樓下的，不是流浪狗。主人正在樓下找呢！」

那名同學立刻抱起小狗出了房門，送去給鄰居。這邊，達達媽媽長長舒了一口氣，慶幸自己沒有「出口傷女兒」。

如果父母在教育孩子的過程中能夠做到冷靜、客觀，那麼指責孩子的不良行為時，孩子也會覺得父母的教育是公正的，不會有被冤枉的感覺。這樣孩子才能聽父母的話，並自動自發地按照父母的要求去做。

這樣，孩子不但能夠按照父母的願望把自己的事做好，還能成為一個理智的人。

四・學孟母觸動孩子心靈，激勵孩子的學習興趣

孟母三遷鼓勵孟子努力學習的故事之所以能夠成功，是因為孟子的心靈受到深刻觸動，他開始明白：不好好學習且半途而廢的後果是可怕的。於是，終於改正了自己學習不專心、半途而廢的缺點。

陽陽的父親是一位建築公司的經理，雖然實力雄厚，但是從工人起步的辛酸讓他飽嘗了心酸，也知道知識不足終究只能用勞力賺錢的辛苦。於是，他下定決心一定要讓自己的孩子有前途。

可是，自己的兒子自從上學後，學業成績是一天不如一天。到國小三年級，國文、數學還沒有一次及格過。

爸爸沒有辦法，在別人的建議下，幫孩子請了家教。家教幫陽陽上課，陽陽根本不認真。為了讓老師講不了課，陽陽鑽到桌子底下。老師沒辦法，請來陽陽的父母。陽陽的父母一來，陽陽就自己從桌子底下鑽出來。可是父母一走，陽陽就又鑽到桌子底下去了。

這樣的孩子老師自然教不了，只好辭職。陽陽的父母非常困擾，這樣下去，這孩子

一旦沾染「公子哥兒」的習氣，就真的是沒有前途。於是，陽陽的父親想了一個辦法。

一天，陽陽上學前，告訴媽媽說晚上想吃螃蟹。媽媽答應了。晚上放學回來，陽陽興沖沖地來到餐桌前的時候，並沒有發現自己想吃的螃蟹，而是幾個饅頭和一盤炒白菜。

陽陽把筷子往桌子上一扔，說：「這怎麼吃飯呀？」

爸爸沒有說話，自顧自地吃起來了。

陽陽仍舊在埋怨：「這種飯怎麼能吃得進去呢？」

爸爸說：「你很多同學難道不是天天吃這種飯嗎？」

「那是因為他們家沒錢，我家有錢幹嘛要吃這種飯？」陽陽理直氣壯。

「但是現在我們家也沒錢了。爸爸沒上過學，不認字，承包一個大工程，建完了工程出現品質問題，爸爸只好認賠了！」爸爸說這些話的時候語氣哀傷，最後還沒忘補上一句：「真後悔當初沒有好好上學！」

從此以後，陽陽不再貪玩、淘氣，可以安靜下來認真學習。月考的時候，破天荒及格。

成績的變化，大大增長了陽陽的學習興趣。輔導老師來了，陽陽老師長老師短地問個不停，顯然是已經愛上了學習。

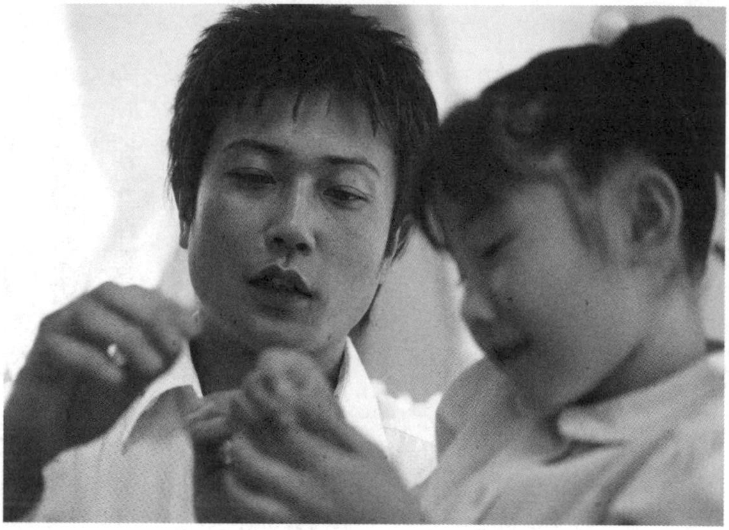

看著兒子的變化，陽陽的父親開心極了。他從兒子的變化中總結出了一個經驗：想讓自己的孩子不貪玩，愛上學習，要從內心深處讓他明白學習有多麼重要，越能觸動他的心靈，效果越好。

興趣是最好的老師。如果一個孩子對學習有了興趣，就會沉浸在學習的樂趣中，把學習當成一件重要的事情來對待。有些孩子之所以不好好學習，最大的因素就在於對學習沒有興趣。

孩子從小就喜歡問「為什麼」、「這是怎麼回事」。面對孩子千奇百怪的問題，有的家長感到不耐煩，其實是無形中扼殺了孩子的求知慾。陽陽的媽媽面對陽陽不斷提出的問題，為了激發孩子學習的興趣，總是耐心地回答。

陽陽有一段時間非常愛問稀奇古怪的問題。禮拜天，他從奶奶家回來說：「媽媽，

為什麼奶奶的臉上有那麼多皺紋呢？」

媽媽說：「奶奶老了，所以就長皺紋了。」

陽陽接著問：「為什麼老了就容易長皺紋呢？」

媽媽說：「人老了，皮膚表皮的角質層萎縮，水分易於蒸發，再加上真皮內所含的彈性纖維減少，使皮膚表面的小溝變深，皮膚就容易出現皺紋了。」

陽陽接著說：「什麼叫真皮？什麼叫彈性纖維呢？」

媽媽笑了，對兒子說：「你現在還小，這些詞語還不能理解。所以，你要好好學習，等掌握了一定的知識就懂了。」

陽陽點點頭。

孩子提出問題是引導孩子好好學習的好時機。另外，還可以利用為孩子講故事的時候，和孩子聊天的時候，講些新知識給孩子聽，以誘導孩子對未知領域的探索，進而好好學習。

如果孩子能夠把所學的知識應用到日常生活中，孩子就會覺得知識是非常有用的。孩子運用所學知識的過程，也是一個對所學知識加深記憶的過程。

一個下雪天，爸爸帶陽陽出去堆雪人。在厚厚的冰雪世界裡，陽陽活蹦亂跳，一不小心就摔在了雪地裡，弄得渾身都是雪。爸爸看著兒子在雪地裡滾動時的滑稽動作，忍不住呵呵大笑。

笑夠了，爸爸掏出一袋鹽，鼓勵陽陽把鹽灑在雪地上。過了一會兒，地面變得濕濕的，爸爸帶陽陽踩上去，一點都不滑了。

陽陽忍不住問：「爸爸，怎麼回事？」

爸爸告訴陽陽：「鹽的主要成分是氯化鈉，氯化鈉是極容易溶於水的化學物質。而雪的主要成分是水。當氯化鈉溶於水後就發生化學反應生成了氯化鈉水溶液。而氯化鈉含有的氯離子和鈉離子能夠破壞水的結晶網狀結構，使水不能結冰。所以，撒上鹽後，雪就會融化。撒了鹽的雪融化後變成鹽水，鹽水的凝固點比水要低，所以就無法凝固了！」

陽陽開心地說：「我們家一樓的張奶奶行動不便，我在他家附近撒上鹽，張奶奶出來就不會摔倒。」

父母除了鼓勵孩子將所學知識運用於實際生活、解決實際問題外，還可以帶孩子參加豐富多彩的課外活動，和孩子一起探討知識的用處，激發孩子的學習興趣。

五．鼓勵孩子每次前進一點點，「差生」也能學習好

沒有人可以否認孩子與孩子之間存在著個體差異。差異究竟有多大，雖然無法準確說明，但是絕對沒有大到有的孩子成為不良學生的程度。一般人眼裡的不良學生究竟差在哪裡？其實差別就在後天的養育方面。其實，每一個孩子，父母都可以在確保孩子身體和心理健康的基礎上，循序漸進，充分挖掘孩子的潛力，使其成為學習的佼佼者。

輝輝在大家的眼裡成績一直不錯，國小三年級的時候還考過全班第一名。可是最近成績持續下滑，四年級的時候，期末考試，竟然得了個全班倒數第三名。

媽媽見到兒子的成績，嘆氣道：「湊合一天是一天吧！成績不佳跟你爸做生意也不錯！」

兒子呢？愁眉緊鎖，一副想學習又學不好的狀態。爸爸可不這麼認為，面對兒子當下的成績和兒子黯然的心情，爸爸講了一個故事給兒子聽。

高雄市的一名女孩，在國小的時候每次都考倒數幾名。進國中時，是透過關係進去的，成績還是總排在倒數。可是就是這樣一名在學業成績上幾乎是吊車尾的女孩，後來卻進入美國耶魯大學深造。

這個女孩靠什麼能夠有如此巨大的進步呢？爸爸告訴兒子，靠的就是每天一點點的進步。

爸爸告訴兒子：「你的資質不差，還考過第一名。雖然現在成績出現下滑，如果能夠每天進步一點點，一定能夠讓成績趕上來。」

從那以後，爸爸從各個方面用心關注孩子，以促進孩子的進步。兒子比較調皮，每當他連續一星期不被老師責罵，爸爸就表示讚賞。每當兒子帶著考試試卷回家，爸爸不是抓住那些叉號指責輝輝，而是表揚兒子正確的地方。

輝輝不願意學數學，有時連作業都不做。所以數學成績一路下滑。輝輝的父親教導他一些數學的小竅門，如，25×25＝625，可以用2×（2＋1），然後尾數直接加25得出625；以此類推，35×35＝1225，也可以用3×（3＋1），然後尾數直接加25得出1225。輝輝一下子被這種奇異的演算法給吸引了，很用心地記住竅門並反覆演練。在同學眼裡數學成績一直不好的輝輝竟然有這麼大的本事，很多同學折服之際都向輝輝求教這門絕活。輝輝感到很榮耀，對數學的興趣大增，成績很快得到進步。

最令爸爸欣慰的是，輝輝逐漸能夠自己想辦法突破學習中的困境。輝輝每週都要把作業簿中和測試卷中曾經錯的題目彙總起來，交給爸爸，讓爸爸用家裡的電腦，製作成精美的考卷，一份存檔，一份重新自測一遍。存檔的那一份與每週的那份累積起來，累

積四星期也就是一個月的時間進行一次考試。如果考試的時候不再出現錯誤，這個月就過關了。

這個方法證明了輝輝腦筋不笨，因為每個月輝輝都能把錯誤正確改正，同時，也大大提升了輝輝學習的積極性與自主性。

看到兒子學習越來越主動，各門功課都有了起色。爸爸對兒子說：「兒子，你很聰明。如果努力學習，相信一定能夠取得好成績！從現在開始，你只需要每次考試每門功課前進一名，慢慢地，你就會變成班級的前幾名！」

兒子受到爸爸的鼓勵，牢記每次前進一名的信念。放鬆心態，努力學習，學業成績果然漸漸進步起來。

善於引導孩子的家長都知道，對於成績較差的孩子，不能急於求成，一下子就要孩子進步前幾名，這樣的方式無異於揠苗助長，最終挫傷的是孩子學習的信心和興趣。

當輝輝的學業成績一天比一天進步的時候，爸爸也模仿高雄市女孩的媽媽那樣，問兒子：「怎麼樣？兒子，有沒有信心將來考哈佛？」

兒子劍眉輕挑，很陽光地聳聳肩膀，說：「當然，只要每天都進步！」

六．天生我材必有用，每個孩子都有一雙隱形的翅膀

教育的成功在於養育孩子的過程中順應孩子的天性和興趣。這一點，在兩晉時期早已有了成功先例。大文豪左思，父母最初讓他練習書法，他不感興趣，只得作罷。於是父母讓他學彈琴，他也不感興趣。後來，發現他愛讀書寫詞，於是讓他學習詩詞歌賦，結果一舉成名。

法國啟蒙思想家愛爾維修說：「即使是最平凡的孩子，只要教育得當，也會成為不平凡的人。」每個孩子都是下凡人間的小天使，都有一雙隱形的翅膀，翅膀下藏著他們獨有的天賦。所以每個孩子都是特別的，都有獨特的才能等待被發掘。

洋洋是社區裡的名人，大家都知道這孩子是個小神童。小小年紀不但可以背誦《三字經》，還會下圍棋、跳拉丁舞，學業成績也一直名列前茅。每次參加各種比賽，都能取得很好的名次。洋洋的小屋裡掛滿了獎狀，每當洋洋戴著厚厚的眼鏡在自己的小書桌前用功的時候，任誰都會不由自主地想到這個小博士的生活壓力很沉重。

沒有哪個家長不心疼自己的孩子。洋洋這麼累，媽媽看在眼裡疼在心裡。但是為了孩子有個好前程，也只能這樣多多益善。全面發展總要勝過什麼都不精通吧！在這種

思想的指導下，洋洋媽媽寧可讓孩子承受壓力，也不願意忽略了哪一項才藝。

與洋洋一樣生活在壓力下的還有一個女孩，她的名字叫菊菊。菊菊的父母都是藍領階層，為了提高菊菊的音樂修養，他們拿出日常積蓄，在女兒兩歲的時候，為女兒買了一架鋼琴，在母親的指導下學習鋼琴。五歲的時候，菊菊的琴技已經展露出來，為了讓女兒發展得更好，母親規定晚上從七點到九點必須不間斷地練琴，不完成指定曲目不准睡覺。

菊菊剛開始對彈琴還很感到興趣，每天都能按照媽媽的安排堅持練習。漸漸地，在媽媽的嚴厲斥責中，菊菊對音樂毫無興趣，非常厭惡彈琴。雖然每天按時彈琴，但是琴技一點進展都沒有。父母很生氣，常常罵她笨、罵她蠢，她從骨子裡憎恨鋼琴，恨它奪走了自己的生活樂趣。終於有一天，當父母不在家的時候，菊菊把鋼琴砸爛了。

無論是洋洋還是菊菊，可以說都是被父母折斷翅膀的孩子。雖然洋洋呈現給父母的是一個向上的狀態，但是如果長久地在沉重的壓力下生活，很難保證洋洋不會和菊菊一樣砸爛套在自己身上的枷鎖。

當今的家長，為什麼都前仆後繼地讓孩子進入各種才藝補習班裡呢？這是為了不讓自己的孩子落在別人後面，秉持著天賦開發越早越好的原則，還沒等到孩子天賦顯現的時候就行動，以致於掩蓋了孩子真正的天賦。

也許，有的家長認為孩子小不懂事，對孩子進行才藝培養不需要徵求他的意見。如果這樣想就錯了。孩子不同於父母，他們有自己的想法、需求和自尊心。如果忽略這些本質性的東西，父母強迫孩子學習各式各樣的才藝，就會造成孩子不主動學習，父母的精力投入也就不會有回報。

有一次，洋洋和媽媽從舞蹈訓練班回來，看到很多孩子在社區活動中心打乒乓球，就跟媽媽提議，也想去玩一會兒。媽媽同意了。進入活動中心，很多小朋友邀請洋洋一起玩。洋洋兩腳叉開，身體前傾，橫握球拍，推來擋去，玩得汗水淋漓，臉上洋溢出久違的快樂表情。

看著洋洋在球桌前的出色表現，媽媽想到女兒其實很有乒乓球天賦的，如果好好培養，說不定將來還能拿個世界冠軍。於是，媽媽幫洋洋買了乒乓球拍，聯繫好教練，帶著洋洋去報名。可是從那以後，洋洋似乎再也沒有過那麼精彩的表現，甚至放棄了乒乓球的學習。洋洋的母親不明白女兒為什麼會這樣？其實道理很簡單，當打球成為了完成父母的任務時，孩子就失去了飛翔的慾望。

哲人說過：「什麼是天才？天才就是找到最合適他的路。」做為家長，都盼望著自己的孩子是個天才，但是不管盼望自己的孩子成材的願望多麼熱切，千萬不能莽撞。一定要先靜下心來，認真研究自己孩子的個性、特點，不斷摸索哪些領域是自己的孩子真

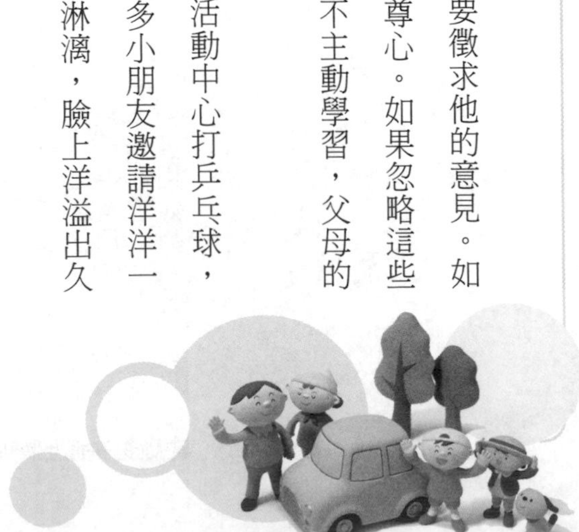

正感興趣的，是適合孩子一生追尋的，是孩子能夠有所建樹的。這樣，才能真正做到孩子在自己的擅長領域騰飛起來。

由此可見，做父母的首先要尊重孩子，要盡心竭力發現孩子的興趣是什麼，優勢在哪裡。要從孩子的心理角度去考慮問題，而不是從自己的理想目標去考慮，盲目超能力的要求是會扼殺天真的孩子。瞭解了這些，再用科學的方法去開發他，孩子就會具有一生的學習動力，才可能成功。

4

會說話的父母耐心詢問，
培養孩子好心態

美國成功學大師拿破崙・希爾說：「人與人之間只有很小的差距，但是這種很小的差距卻造成了巨大的差異。很小的差距就是所具備的心態是積極的還是消極的，巨大的差異就是成功和失敗。」由此可見，積極心態是成功的基礎，這種心態的養成需要父母在孩子小的時候就從情緒、狀態、習慣等方面著手培養。

一・為什麼不開心，跟媽媽說說

情緒穩定與否被視為一個人心理是否成熟的重要指標！對於小孩子，心理成熟需要一個過程，需要父母從孩子小的時候就開始重視並著意培養。做為父母，一定要注意孩子的情緒變化，當孩子不開心的時候，多問問孩子怎麼了。

琛琛的爸爸在上班接到一通電話，電話是兒子的導師打過來的。老師說，琛琛昨天請了一天假，需要家長補一張假條，讓琛琛明天帶到學校交給老師。

爸爸聽了覺得很奇怪，兒子昨天按時走出家門去上學，沒請假寫什麼假條？

晚上下班後爸爸把兒子叫來，把今天老師請父母寫請假條的事情跟兒子說了一遍，並讓兒子解釋一下。

琛琛覺得無法隱瞞了。就對爸爸說：「我昨天沒有上學，請了一天假。」爸爸疑惑：「昨天你不是按時背著書包去學校了嗎？」

兒子如實對爸爸說：「我昨天沒有去上學，今天上學的時候我告訴老師昨天生病了。老師相信了我，但是一定要你們寫一張假條。」

爸爸聽完兒子的話，簡直嚇呆了——一向品學兼優的兒子竟然開始翹課！還編造理由矇騙老師！

爸爸頓時臉色大變：「你竟然學會了翹課？你到底去哪了？」

琛琛說：「我沒幹什麼，就是在街上和公園裡閒逛了一天。」

爸爸不相信，兒子翹課怎麼可能是去公園玩了，肯定隱瞞了真實去向。

看著爸爸氣憤的樣子，琛琛控制不住自己的情緒。

他大聲說：「你愛信不信，反正我就是逛了一天！我天天上學，週末都不能休息。天天面對書本，我的心情不好，我不開心，就是想自由自在的玩一天，所以就翹課了！」

眼看著父子兩個人越說越急，媽媽走過來對兒子說：「兒子，你就是因為上學太累，不開心才翹課的嗎？」

琛琛含著眼淚對媽媽說：「是的！媽媽！有的時候我累得都想大吼大叫，甚至想找個不用上學的地方把自己藏起來。」

媽媽抱住兒子的雙肩說：「對不起！是爸爸、媽媽忽略了你的感受！媽媽知道，你每天既要上課，還要參加課外補習班，確實每天都很累。你累了，不開心，要跟爸爸、媽媽即時溝通，我們想辦法改變這種狀態，私自不去上學是不對的。」

琛琛聽了媽媽的話，很聽話地點點頭。爸爸、媽媽幫助兒子重新制訂了一下學習計畫，取消了兩個琛琛不喜歡的補習班。這樣琛琛就有一些自由玩耍的時間。

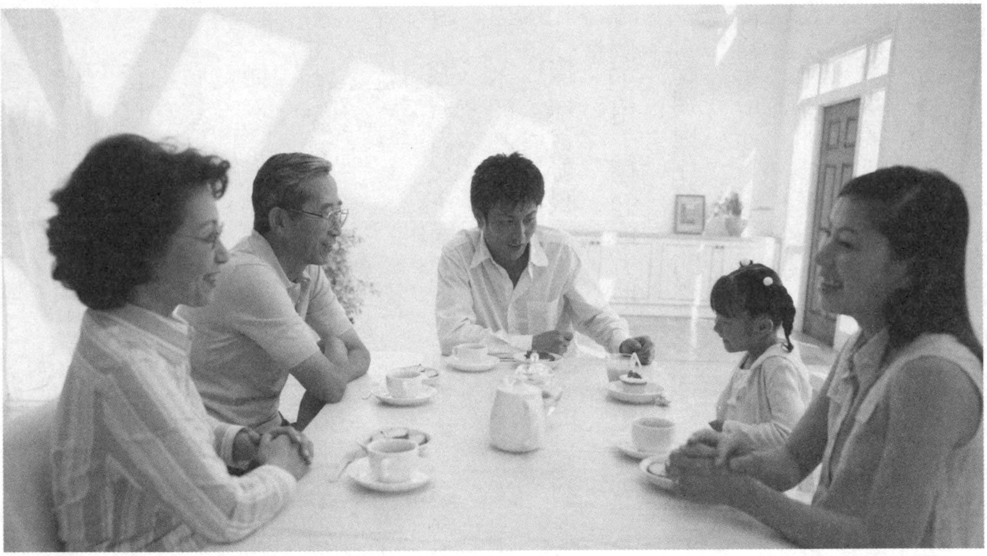

面對孩子諸如琛琛這樣的翹課行為，有的家長可能選擇琛琛爸爸那種不問青紅皂白就亂責罵的做法。有的家長則會選擇琛琛媽媽那種平靜下來，細細詢問兒子究竟是怎麼了的做法。

琛琛媽媽的做法是值得肯定的。隨著年齡的增長，孩子的情感、思想日漸成熟，他們擁有了自己對生活的理解和判斷，開始渴望有自由的發展空間和屬於自己的世界。但是繁重的課業任務、巨大的心理壓力，使得孩子的情緒處於十分緊張的狀態。而大多數的孩子心態不穩定，又不懂得宣洩和排解，難免會做一些行為不當的事情，諸如翹課、離家出走、打架鬥毆等。

情緒是每個人重要的心理活動，內心需要是否得到滿足的外在表現。控制情緒是調

整心態的第一個層次。控制情緒的基本任務就是開發積極情緒，限制消極情緒。這就要求孩子能夠把握現實、看清事實，進而減少煩惱，在生活中保持充沛的精力。

現在的孩子壓力很大，過重的心理負擔遠遠超過了孩子的承受能力。如果父母不能設身處地瞭解孩子的現狀，仍舊不斷給孩子加壓。很可能給孩子造成更加嚴重的心理障礙，影響孩子積極心態的培養。

為了防止這種情況的發生，父母在儘量給孩子減壓的同時，要允許和寬容孩子發洩不良情緒。當孩子平靜以後，常常會為自己的過激行為感到慚愧。父母一方面表示對孩子的理解，另一方面切記不可忽略告訴孩子，發洩自己的情緒的時候一定不要有不法行為甚至是過激的行為，因為這樣會對自己和他人造成影響和傷害。父母最好利用這個機會教會孩子用適當的方式宣洩情緒。

父母要有一雙敏銳的眼睛，注意隨時洞察孩子的情緒變化，當發現他情緒低落或反常時，可以試著與孩子進行心與心的溝通和疏導，或引導他找到一種好的發洩方式，並教會孩子一些發洩的方法，比如允許孩子扔玩具、踢足球、打籃球、做遊戲、登山、K歌等。以這種直接的方法將情緒發洩出來，孩子的內心就會平和起來。

當孩子學會了發洩和調節消極的情緒後，父母一定要教會孩子如何建立積極的情緒。琛琛的媽媽藉由講故事的方式，讓琛琛去理解任何一件事情都是有兩面性的，如果看到積極的一面，並以積極的心態去理解就會是積極的、向上的；如果從消極的一面去看待，就可能是世界末日。

媽媽告訴兒子有一位老人有兩個兒子。大兒子做染布生意，二兒子賣傘。兩個兒子都有自己的生意，老人應該高興才是。可是這位老人每天都愁眉苦臉的，她為兩個兒子發愁。當天下雨的時候，她為大兒子發愁，因為不能曬布了；天氣放晴了，她為二兒子發愁，因為晴天的時候二兒子的傘賣不出去。

每天都處於不開心的狀態，這位老人病倒了，骨瘦如柴。一位親戚得知了老人的病因，對老人說：「為什麼不反過來想呢？」天一下雨，妳就為二兒子高興，因為他可以賣傘了；天一放晴，妳就為大兒子高興，因為他可以曬布了。老人覺得親戚說得很有道理，從那以後每天都是樂呵呵的，疾病不藥自癒。

二・你不覺得急躁會讓事情更糟糕嗎？

現在的一些孩子什麼事情都想做，而且都想在短時間內做好，得到圓滿的結果。但是往往因為沒有持之以恆地去完成自己想做的事情，結果大多因時間或者能力有限，不得不半途而廢。

有的孩子每當碰到不稱心、不如意的事情立刻如熱鍋上的螞蟻般急躁不安。稍微遇到一點困難，就不知所措，完全沒有耐心去想辦法克服，結果亂發一頓脾氣後，事情還是沒能解決。

面對孩子的這種情況，父母即時給予安慰、肯定、開導，有利於增強孩子穩健、沉著的個性，不至於遇到一點點小事就急躁不安。

輝輝一放學回家，就在客廳裡轉來轉去。先是從書包裡取出國文作業簿，還沒寫幾個字，就又把數學作業簿取了出來。

「哎，今天作業真多，急死我了！」

數學題沒做幾題，就站起來從冰箱裡取出可樂，咕嚕咕嚕地一瓶可樂灌進了肚子裡。回過頭來接著寫作業。大概是寫著寫著餓了，央求媽媽：「媽媽，我餓了，妳快點做飯吧！」

從廚房出來，接著寫數學作業。寫著寫著大概是遇到了難題，停筆不動，對著作業簿直發呆。發了一會兒呆，問題沒有解決。嘴裡唸叨著：「為什麼這麼難做！」於是把作業簿扔到了一邊，拿來國文作業簿。

「黃河遠上白雲間」的作者是誰？輝輝不假思索地寫上了王之渙，可是等到填寫作者是哪個朝代的時候，一時不確定。其實本來可以翻翻國文課本就搞定了，可是輝輝偏偏去開電腦，想透過電腦查閱一下。

很快查到了，他又一眼瞥著了自己的寵物狗，此時正餓得直叫。輝輝心裡不忍，餵了一會兒心愛的小狗。回過頭來接著寫作業，國文作業還沒寫完，想起了還要用毛筆寫對聯呢！

看看時間一分一秒的流逝，輝輝心裡不免著急，嘴裡開始嚷嚷：「急死了！急死了！今天事情可真多，早知道就不該和那些同學去踢足球了！」

這時，媽媽叫輝輝吃飯，輝輝沒回答，筆下生風頭也不抬地寫著作業。

「哦！」好不容易把國文作業寫完，抬起頭來長舒了一口氣。卻發現，自己今天寫的根本不是老師指定的功課！輝輝險些要暈倒了。

像輝輝這種情況，大概很多家長都不陌生。孩子如果小的時候就是急性子，遇到事

情急躁不安，那麼就表示這個孩子在養育過程中有很多需要更正的地方。

輝輝的父母是這樣來改變自己的兒子。

輝輝寫得一手好毛筆字得益於父親從小的培養。當他忙不過來的時候，想到了剛剛下班回家的父親。於是，想請求父親的幫忙。當爸爸聽完兒子急急忙忙的求援理由後，拒絕了兒子的求助。

爸爸覺得如果不讓兒子經歷一些挫折，孩子就不知道生活中有困難。一有困難就幫忙，勢必培養孩子的急躁心理。只有讓孩子從小的時候就知道，在他的生活中，不是想怎麼樣就怎麼樣，如果考慮不周全結局就不會圓滿。

父母出手援助了，還會助長孩子的依賴心理。家長事事都要代替孩子去做，使孩子養成依賴家長的不良習慣。真正自己動手做了，眼高手低，不能如願的時候就會急躁惱怒。

爸爸不肯給予幫助，輝輝雖然心裡生氣，但是也不好說什麼。國文作業和毛筆字經過努力很快就搞定了。接著就剩數學作業了。這下輝輝碰到困難了，他打電話給同學，意思是讓同學把作業簿送過來，他參考著做完自己的作業。

正巧被爸爸聽到。爸爸對輝輝說：「作業要獨立完成，既然是課後作業，你就一定有能力完成！如果實在做不出來，爸爸教你，但是不能抄襲同學的。」

輝輝急了：「時間來不及了！都快九點了，哪還有時間自己想呀？」

爸爸說：「這都是你自己的原因造成的，老師指定的作業不多，你沒有寫完只是因為你做其他的事情佔用了作業時間。」

輝輝覺得爸爸說的有道理，安靜地坐下來自己繼續寫作業。大概是爸爸斷了輝輝後援的原因，那幾道數學難題也迎刃而解了。

一個孩子的獨立能力越強，做事的能力越高，越不容易急躁。孩子能夠自己做的事情，儘量讓他自己做。即使做錯了，無形中也能增進孩子做事的能力和經驗，這樣孩子就不會在不會做事或做錯事時急躁。

如今的孩子大多在父母關愛中長大，很多家長已經不具備拒絕孩子的能力。但是當一個家長從孩子小的時候起就滿足孩子提出的任何要求，那麼，在家長能力有限而不能滿足孩子要求的時候，就會使孩子產生急躁情緒。

為了防止孩子情緒急躁，孩子提出的要求不能事事都答應，試著延遲孩子的慾望，讓孩子接受被拒絕的情況。最好，讓孩子真切體會到急躁的危害。

暑假時，輝輝的表弟從另一個城市來到輝輝家小住。做暑假作業的時候，有道題目表弟不會做，要求輝輝講解。輝輝很高興地答應了，認真地為表弟講解。

但他講了一遍後，表弟沒有聽懂，就又問了一遍。這下輝輝不耐煩了，他煩躁地說：「你怎麼還不明白？不就是這樣嗎？怎麼就那麼笨！」然後，草草地又講了一遍。

輝輝的這個態度，讓表弟很不舒服。暑假沒有過完，就回家了。表弟走後，輝輝從爸爸那裡得知了原因，感到很難堪，自認是自己脾氣急躁損害了和表弟的友誼。

這樣，在父母的努力下，輝輝越來越認識到急躁不利於自己的成長，一點一點規範自己的行為，變得越來越冷靜了。

三．孩子，你為什麼要撒謊騙媽媽

誠實，向來被認為是一種美德。其實，誠實更是一種素質。具備了誠實的素質，夢想才有實現的可能和發展的空間，才能立足社會做出一番事業。美國哈佛大學的校徽上只刻了一個詞「誠實」，足見誠實對人生的重要意義。的確，一個擁有誠實美德的人，會發現自己彷彿擁有了萬能通行證，走到哪裡都一路暢行。

培養誠實的美德，需要從孩子小時候就幫孩子營造一個講真話、聽真話的環境。如果稍不注意，說不定從哪個時刻開始，你的孩子已經開始欺騙你了。

波波最近幾天，每天都要比以前晚半個小時回家。媽媽問波波去哪裡了，波波說：「和同學在公園裡玩遊戲呢！」

媽媽相信了兒子。可是那天媽媽下班後買菜從後面的社區走過來，發現兒子正牽著一條白色的小狗玩耍。

媽媽很生氣，想不到自己的兒子竟然騙自己。等兒子回到家裡，媽媽質問兒子：「放學後去了哪裡？」兒子回答的理直氣壯：「還是和往常一樣，去同學家玩。」

媽媽說：「你在騙媽媽，我明明看見你在後面的社區，牽著一條狗玩耍。」

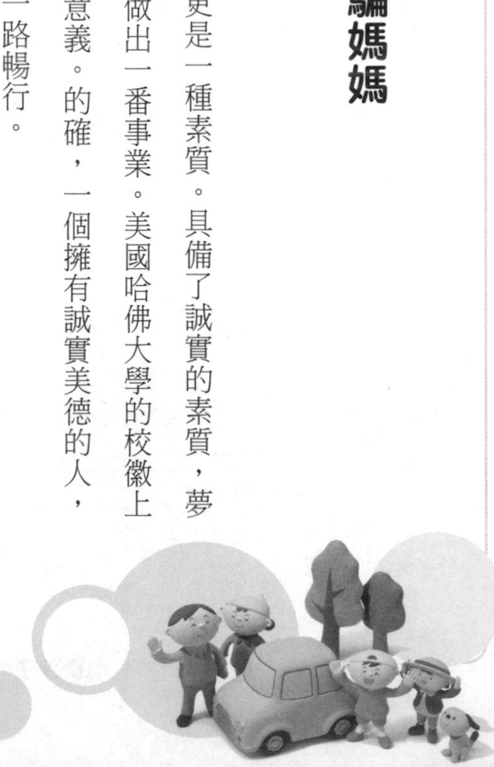

往常，媽媽一生氣，波波就會哄媽媽，可是這次，波波昂著頭，一點向媽媽屈服的跡象都沒有。

相反地，波波竟然質問起了媽媽。

波波大聲問：「你們為什麼把小白送人，還騙我說小白是自己走丟了？」

這下媽媽嚇呆了，兒子每天竟然是和小白去玩！

一年前的一個下午爸爸抱了一隻小狗回家，小狗全身雪白的毛，光亮光亮的，顯得特別可愛，波波幫牠取名叫小白。

波波每天照顧小白，小白也很善解人意，每天一放學小白就會趴到波波身邊，一聲不響地陪著波波寫作業。

可是有一天波波從幼稚園回家，卻沒有看見小白。父母怕小白傳染疾病給兒子就送了人。再加上怕波波傷心，父母說小白自己走丟了。波波去小白可能去過的地方找，怎麼也找不到，波波一想到小白可能是病死或凍死了，就會哭泣。波波覺得自己以後再也不可能見到小白了。

直到有一天，波波在同學家的社區裡看到一隻長得非常像小白的狗。跑過去問那隻狗是從哪裡來的？那家人說是不遠處一個社區裡的年輕夫婦一年前送給他們的。透過那家人的敘述，波波斷定自己的小白沒有走丟，是被父母送給了這家人。

見到小白後，又勾起了波波的思念之情。為了和小白親近，波波每天放學後都會去和小白玩。

媽媽只好如實把當時的想法跟兒子說了。波波雖然知道父母是為自己好，但還是不能接受父母的做法。他大聲說：「我再也不相信你們了，你們騙我！」

波波的媽媽不希望自己的孩子說謊，卻無意中被兒子識破了自己的謊言。日常生活中，即便做父母的說了謊話不會有那麼戲劇性的巧合，但是也總有被孩子識破的時候。

父母是孩子最親近的老師，最深的影響者。父母撒謊，孩子自然也就在潛移默化中學會。所以，要培養一個誠實的孩子，就必須要求父母從自身做起，以自己的誠實、信用影響孩子。

波波的父母從內心深處也期待培養一個誠實的孩子，為了消弭自己在孩子眼中是個撒謊者的形象，波波的父母主動向波波認錯，請求原諒。

父母告訴波波，撒謊有的是善意的，有的是惡意的。善意的謊言指的是為了避免事故的發生或者不必要的麻煩，才隱瞞事實真相的行為；而為了騙取他人的財物或者信任而弄虛作假的謊言則是惡意的謊言。像父母這種為了減輕波波對小白的惦記而撒謊，就屬於善意的謊言。

波波明白了父母的心思，也體會到了父母的苦心，一家人相約都要自覺做誠實的人。

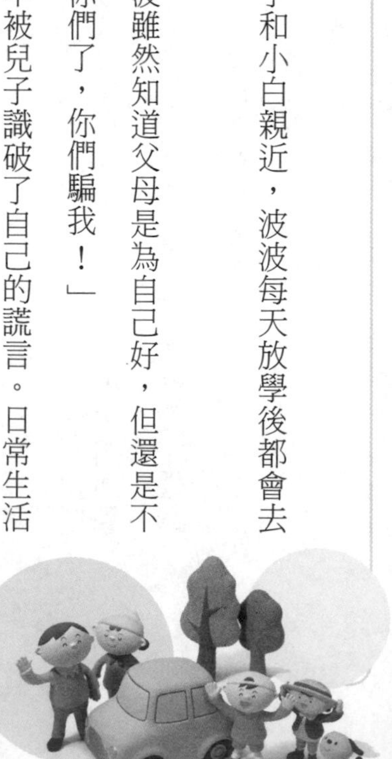

有一次，波波在家裡玩電腦，一邊玩一邊喝飲料，移動滑鼠的時候，不小心碰到了飲料杯子，結果滿滿一杯飲料都灑在了鍵盤上。鍵盤立刻就不能用了。波波很害怕，連忙關了電腦，用紙巾擦拭鍵盤上的水。

擦完之後，波波拿出了媽媽的吹風機，猛力地吹。在父母下班前，總算將水跡吹乾。爸爸晚上用電腦，突然感覺觸電。爸爸很疑惑：「家裡的電腦怎麼漏電了！」媽媽說：「你是不是有灑到水？」爸爸說：「我沒有呀！」

父母的話被波波一字不差地聽到了耳朵裡，他對爸爸說：「爸爸，今天我用電腦的時候把水灑在鍵盤上，對不起！」

爸爸笑了，告訴兒子沒什麼大不了的，鍵盤如果壞了可以重新換。損失一個鍵盤，看到一個誠實的兒子，對他們來說還是非常巨大的收穫。

波波父母的這種做法非常好！當孩子勇於承認錯誤的時候，不計較孩子行為帶來的經濟損失，而是因為孩子的誠實給予表揚，非常利於孩子誠實品格的培養。

犯錯是孩子成長過程中不可缺少的音符，但孩子做錯事的時候，父母不要急於打罵，最好的方法是鼓勵孩子講出事情的原委。如果父母見孩子惹出禍不是罵就是打，孩子以後犯了錯誤勢必要編造謊言逃避責任。所以，父母千萬不要成為孩子撒謊的推手，而要成為孩子誠實品格的塑造者。

四・寶貝，你是不是擔心家裡出了狀況

家是孩子心中的安全島，每個孩子都渴望有個溫馨的家。如果家裡發生爭吵或更為激烈的衝突，常常會使孩子喪失安全感而導致心理失衡，進而影響智力和心理發展，最突出的問題是出現學習障礙和社會適應能力差，性格上表現為多疑、孤僻、缺乏自信心，以致於成年後在情感、婚姻、家庭問題上遇到挫折。

所以，做為孩子的父母，雙方在家庭生活中應該能夠儘量互相包容、體諒，遇事多為對方著想，避免發生摩擦、衝突，並主動承擔起對家庭、孩子的責任。這樣，才能使夫妻感情穩定、家庭安定和睦，孩子生活在充滿愛心、溫馨的環境中，對他身心的健康、學業的進步都是大有益處的。

可是很多家長把吵架當家常便飯，往往因為芝麻小事就會互相攻擊起來。完全沒有考慮到自己的隨性傷害了正在成長的孩子。

一天放學後，寬寬和同學玩了一會兒籃球，回到家的時候天有點黑。當時和媽媽正因為爸爸忘記順路買菜而吵架。

媽媽看到寬寬一身汗、一身土，更生氣了，皺著眉頭說：「就知道玩，作業沒寫

吧？」

寬寬見到媽媽那種態度，更不開心：「好久沒打球了，放鬆放鬆，作業現在寫也不晚！」

爸爸接過兒子的話說：「孩子打打籃球才能顯現陽剛之氣，讓我兒子看起來更帥。」

媽媽不滿意爸爸這麼說，調轉矛頭：「你就寵孩子吧！學習不用功，打籃球倒挺用功！你籃球打得好，有什麼用？」

爸爸不愛聽妻子的話，向走進書房的兒子說：「我兒子這麼聰明，只要用心肯定能學好。兒子，聽著，以後籃球想打就打，一會兒爸爸下樓幫你買個新籃球。」

媽媽說：「叫你下班後買菜，你忘得一乾二淨，買籃球你倒很積極。」

見父母越說越來勁，兒子推開房門對客廳喊：「別吵了，我準備做功課了！」

聽到兒子的抗議聲，媽媽好像得到了支持，對爸爸說：「看到了沒有，都是你在這裡搗亂。成事不足，敗事有餘。」

爸爸也不甘示弱，大聲地反駁道：「忘了買東西值得你這麼嘮叨嗎？沒完沒了地說、沒完沒了地吵？妳這樣，連兒子也不願意理妳了。」

媽媽更加生氣了：「你心裡根本沒有這個家，還嫌我嘮叨？我嘮叨也是被你氣的，兒子長這麼大你管過什麼嗎？你接過他幾次？」

爸爸媽媽吵著吵著，就聽「啪」的一聲脆響從兒子房間裡傳了過來。原來，寬寬使勁把自己的玻璃杯摔到了地上。

這下，爸爸媽媽都停住了嘴。寬寬對著他們大叫：「你們都別吵了！我告訴你們，你們再吵，我就不上學了！」

像寬寬父母這樣的爭吵，每個家庭都會發生。但是有的父母處理得好，知道父母吵架會令孩子擔心，會使孩子心情緊張、焦慮，不知道該如何應對。當發生摩擦時，不但盡力避開孩子，而且會觀察孩子的反應。如果發現孩子舉動反常、神情黯淡、注意力渙散，就會對孩子顯出特別的關心。

那天，寬寬的父母從寬寬的表現中察覺到了自己的過分。爸爸什麼都沒說，就下樓買菜去了。媽媽收拾完房間，就走進了廚房。

等到晚上吃飯時，媽媽喊了幾次寬寬才出來。雖然做的都是平時寬寬喜歡吃的菜，可是寬寬的筷子只是動了動，完全沒有平時吃東西時的那副樣子。

「兒子怎麼了？」媽媽想起前幾天兒子和自己說一個同學父母離婚了，爸爸、媽媽誰也不要他，那個同學可憐極了。

媽媽走進兒子的房間，撫摸著兒子的頭問兒子：「兒子，你是不是擔心家裡出了狀

況？擔心父母總爭吵會離婚不要你了？」

寬寬點點頭，對媽媽說：「你們一吵架我就害怕，害怕像我的同學那樣。」

媽媽一時淚流滿面，立刻告訴兒子：「爸爸、媽媽不會離婚的，你放心，以後我們再也不吵架了！」

然而，夫妻之間完全沒有摩擦是不可能的，為了不造成兒子的心理負擔，寬寬的爸爸、媽媽如果產生分歧，兩個人就趁孩子不在家的時候辯論，如果實在避不開孩子，兩人就藉口出去辦事到外面去解決。令人意想不到的是，當兩個人氣沖沖從家裡走出來，到了公園的時候，往往氣就消了。

偶爾兩個人爭吵讓寬寬碰上，爸爸、媽媽就會主動向孩子解釋，讓寬寬明白父母只是因為某件事情意見分歧，一會兒就好，不用孩子擔心，這樣孩子內心渴望著的安全感就不會被動搖。如果孩子看到父母親密的樣子，他們的內心便會更加平和，因為他們知道自己的父母即使吵架了也是相親相愛的。

在生活中，對孩子影響最大的，莫過於夫妻之間因為孩子的教育問題發生分歧，並且還把孩子牽扯其中。

父母在孩子的教育問題上有不同意見是很正常的，但應該在私底下討論、商量，統一教育理念。即便兩個人無法解決的教育難題，也沒有必要爭吵，可以請教老師、專家，找到雙方都認可的、正確的教育方法。

在教育孩子時，如果家長一方的情緒和做法不夠冷靜，過於偏激時，另一方可以試著緩和氣氛、把握尺度，而不是唱反調。但是一定要注意，只要教育立場正確、方式方法合理，就不要採用「拍一巴掌揉三揉」的做法，以免降低教育的效果。這樣，在孩子的教育上，父母組成統一陣線，建立了同等的權威，糾正孩子的錯誤也就容易多了。

如果父母各執一詞，甚至在孩子面前爭吵，會使孩子覺得無所適從，不知道到底應該聽誰的，自然也達不到教育目的。而且，還會被孩子利用，「鷸蚌相爭、漁翁得利」，孩子會支持父母中一個人的意見去反對另一個人，來達到他自己的目的。

五．當發現自己的東西不見了，會怎樣

人們常說小時偷針，大了偷牛。偷東西的行為從孩子幼年時期就不斷發生，雖然這個年齡階段的孩子大都還不清楚偷竊是一種卑劣的行為，但是做為父母卻不可以掉以輕心。一旦孩子發生偷竊行為，如果不正確引導，即時改變，孩子就會把偷當成正常行為。

爸爸、媽媽平時工作忙，平平上學的地方離爺爺、奶奶家很近，為了方便上學接送，平平就和爺爺、奶奶生活在一起，週末才回自己家。每週媽媽都會給他一些零用錢，還特意囑咐他沒有特殊的事情，不要向爺爺、奶奶要錢。

這個週末，爸爸、媽媽去接平平，爺爺卻告訴他們，平平竟然沒有告訴爺爺就從抽屜裡拿了兩百塊錢。

爸爸、媽媽先是一愣，然後就是異常的氣憤。家裡從來不限制平平的花費，一般該買的東西都滿足他。就算有特殊的需要，也可以先大大方方地向老人要，怎麼可以這樣做呢？

爸爸站到兒子面前說：「你的零用錢不少，吃喝也不愁。怎麼可以私自拿家裡的錢呢？」

平平為自己分辯說：「我和幾個同學想一起去看電影，我沒有錢，到時候多沒面子。我就趁爺爺睡覺的時候從抽屜裡拿了，想說有了錢之後再偷偷還回去。」

媽媽聽了，明白了在兒子眼裡並沒有「偷」這個概念，說：「你要用錢可以先跟爺爺要，私自拿是不對的。你拿的是爺爺的錢，家人可以忍受，如果拿別人的錢，別人告發你，你的行為就是偷竊。你想想，當你上學時，書包裡的書被別人偷走了，你著不著急？」

平平沉默不語。

爸爸說：「上次去打網球，路上爸爸的錢包被人偷走了。中午沒錢吃飯，害得我們餓了一天的肚子。你當時還說，小偷真可惡。你說，以後還拿不拿別人的東西？」

平平說：「不拿了！」

於是，媽媽給了平平兩百元，讓平平當面交給爺爺，並向爺爺道歉。平平對爺爺說：「爺爺我以後再也不拿您的錢了！如果要用錢就跟您要！」

這件事過去了幾天，姨媽來家裡串門子。和姨媽談到這個問題，平平的父母才發現平平的行為由來已久。姨媽開了一個小超市，幾年前平平去超市玩。有一天，姨媽發現平平趁人不注意的時候從店裡拿巧克力，這讓她大吃一驚。開始她以為孩子小，拿點糖

果沒關係。後來她發現每次平平來逛超市，總是在環顧四周沒人的情況下偷偷往口袋裡塞東西，等做完了這些，他還裝得沒發生什麼事情的樣子。

姨媽說：「我當時覺得孩子小，這也沒有什麼，就沒制止也沒跟你們說。沒想到，現在事情嚴重了。」

媽媽說：「這件事不要對別人說。以免知道的人多了，傷了平平的自尊心，給孩子的心裡留下烙印，或者孩子產生叛逆心理，就更不好改正。」

姨媽走後，平平的父母才知道了問題的嚴重性。

晚上，媽媽和平平躺在一張床上。媽媽告訴平平偷拿別人的東西是極為可恥的行為，它會使一個人身敗名裂的。而很多長大了偷拿別人東西的人，很多就是小時候有拿別人東西習慣的人。所以，一定要克服這個壞毛病。包括家裡的東西，家裡的錢，在沒有跟父母說的情況下是不可以隨便拿的。

媽媽說，如果以後再發現他拿別人的東西，包括家裡的錢，就告訴老師和同學。而且要把他送到警局，請員警幫助管教。以免你習慣了偷東西，將來觸犯了法律，被判刑蹲監獄，害得爸爸、媽媽傷心沒面子。

媽媽告訴平平，社區裡的一個叔叔，就是因為上學的時候和幾個同學搶銀行，蹲了監獄，以致於現在沒有哪個女孩肯嫁給他。所以，好孩子一定不能拿別人的東西。這樣，長大了才能做個好人。

平平問媽媽：「媽媽，如果我從此不拿別人的東西了，還是好孩子嗎？」

媽媽說：「當然是好孩子，改正了以後就是好孩子！」

藉由媽媽多次這樣反覆的教育，從那以後平平再也沒有發生過拿別人東西的事情。

一天，平平放學後在路邊等車，發現不遠處的地上有一支手機，平平撿起來問周圍等車的人有沒有人掉手機？沒有人回答，平平便回到學校，把手機交給了老師。第二天，當失主領到失而復得的手機時，特地寫了一封感謝信，還買了許多文具送給平平。平平只收下了感謝信，其他的都沒有收下。

平平的父母面對孩子偷拿別人東西的事件，有一點做得特別好，那就是沒有不分青紅皂白地給孩子定罪，把孩子的行為定位於惡劣的「偷竊」。而是充分尊重孩子，給了孩子解釋、理解自己行為的機會，一步步引導平平改變自己，這樣，孩子便有了改變的機會。

如果平平的父母不去瞭解孩子行為的原因和動機，就把事情視為帶有罪惡感的犯罪行為，很有可能在孩子的心中留下陰影，為孩子未來的身心健康留下隱患。

所以，做為父母，面對孩子不經意的「偷」時，不管心裡多麼惱怒，都切忌暴跳如雷嚇到孩子。

六．自己的聲音最精彩，說出你內心的想法吧

一個人只有在自我尊重的狀態下，才能釋放出自身的潛能，接受那些正向的資訊，進而參與其中，真正獲益。培養一個自我尊重的孩子，是以父母對孩子的尊重為基礎的。尊重孩子，才能建立並保護孩子的權利意識，使孩子擁有健康的人格。

孩子的世界不同於大人，如果面對孩子難以理解的行為，家長很武斷地做出判斷，而不去徵求孩子的意見，那麼很可能會冤枉自己的孩子。

大寶是個頑劣的小男孩，從小到大惡作劇不斷。邊看電視的同時他就會把遙控器扔到音箱裡，害得媽媽想轉臺怎麼也找不到，而大寶卻站在一邊幸災樂禍；爺爺帶著老花眼鏡看書，大寶伸手就把爺爺的眼鏡扯下來，往沙發上一扔……

大寶不僅在家裡淘氣，還經常欺負鄰居家比他大好幾歲的小朋友。每當左鄰右舍告狀，大寶的屁股難逃挨上一頓揍。

雖然上學後大寶的惡作劇有所收斂，可是今天他又闖禍了。

早晨，對門的叔叔虛掩上外面的鐵門出去買菸，回來的時候，發現鐵門被鎖上了。非常著急，於是，按了大寶家的門鈴，希望從大寶家的陽臺爬到自家陽臺。

爸爸問：「大寶，是不是你把叔叔家的鐵門關上的？」

大寶一臉心虛。

媽媽生氣了：「就知道是你，害得叔叔要從陽臺爬過去，多危險啊！」

眼看著小男孩要受皮肉之苦，對門的叔叔走了過來。

他蹲下來問：「大寶，你為什麼要關叔叔的鐵門呢？」

大寶紅著眼睛說：「我出去玩的時候，發現你家的門忘記關了，怕小偷偷東西，於是就順手幫你關上了……」

父母聽到兒子這麼說，不由得面面相覷，一副不認識兒子的樣子。

那位叔叔說：「我就知道大寶是個好孩子，好心才幫我把鐵門關上的，謝謝你！」

大寶一下子高興了起來。

因為這件事，大寶的父母覺得自己的兒子並不只是一個愛淘氣的頑皮孩子，還很有自己的想法。

正好今天媽媽想幫大寶報名參加橄欖球隊，想聽聽大寶的意見。

大寶歡呼：「我早就想學橄欖球了！」

媽媽對兒子說，父母想讓你去學橄欖球，其實是要你學更重要的東西：團隊合作、運動家精神、毅力等等。在青少年橄欖球項目上，主要以傳接球、跑動觸球為主，打球

的過程中更注重的是團隊精神和個人奮鬥精神的培養。你一定要記住，在打球的過程中不能傷害到別人。要按照教練的指示打球，做個真正的勇士。打橄欖球的過程，也許會很累，但是要堅持。

果然，自從報名開始，大寶從沒有耽誤過參加訓練和比賽。有一次是友誼賽，大寶患了感冒，醫生建議臥床休息，囑咐不能參加劇烈運動。大寶很傷心，央求媽媽讓他去參加，還一直強調說自己已經康復了。

媽媽知道兒子已經愛上了橄欖球，可是又不能違抗醫生的意見。就對兒子說：「你自己決定，參加了這次比賽，很可能還要耽誤幾天功課。」

大寶的球技非常棒，很多隊友打電話來，強烈要求大寶參加比賽。有的隊友甚至說：「如果你不參加比賽，大家都沒有信心了。」

兒子榮譽感很強，媽媽看得出。但是令媽媽欣慰的是，大寶只做為列席隊員到球場幫自己的球員打氣，並沒有上場打球。

大寶說：「一場友誼賽，輸贏並不重要。如果我上場打球了，病情可能會更嚴重，那樣就會耽誤學業，損失可就大了！」

父母聽了兒子的話，高興極了。他們讚賞兒子小小腦袋裡竟然能這麼清楚地分辨是非、利害關係。同時也明白了，在教育兒子的過程中，尊重孩子的想法，會更利於孩子的發展。

現實中，能做到像大寶媽媽這樣的家長為數不多。雖然他們一直喊著尊重孩子，但是實際遇上事情卻捨不得放手，以致於孩子迷失自己。

事實上，孩子只有在獲得大人尊重的時候，才會越發地懂得尊重自己。孩子和成人一樣是平等的，他們同樣需要「尊重」來沐浴心靈。

如果父母缺乏和孩子的溝通，做事武斷，不尊重孩子的行為和要求。那麼，很容易使孩子懷疑自己的做法，失去自己的判斷力，以致於沒有自己的主見。

每個孩子的內心都有一個清晰的聲音，時時告訴自己什麼是自己所需要的。當孩子把內心深處的這種渴望表達出來的時候，如果父母能夠遵從孩子內心的需要培養孩子，更易於培養能夠掌控自己的孩子。

5

會說話的父母巧訓誡，
不斷累加孩子的成功素質

一個人的成功，很大程度上在於這個人所具備的成功素質，比如，獨立、負責、勤奮等。這些成功的素質不是與生俱來的，而是從孩子小的時候一點一滴地培養起來的。

一・媽媽以後不提醒你，作業簿沒帶自己回家拿

丟三落四，肯定耽誤事情。孩子之所以有這個習慣，源於父母對他們關照過度，致使他們自身的依賴性很強，獨立性差、無法考慮周全。如果孩子不細心，身為父母千萬不要幻想「孩子長大懂事了，自然而然就好了！」因為任其發展下去，你的孩子很有可能成長為一個做事散漫、缺乏獨立性的孩子。

父母以孩子為中心，處處為孩子著想，甚至不惜耽誤和影響自己的工作。父母僅以孩子為中心，處處只從孩子的角度考慮問題，會使孩子不自覺地養成以自我為中心，只為自己考慮，認為別人為我做的一切都是應該的、理所當然的，必然成為一個自私、狹隘的人。

這對於渴望培養一個具有優秀品行的孩子的願望是背道而馳，所以，做為父母千萬不要對孩子太過縱容。

從七點開始，媽媽就讓輝輝收拾好自己的東西，準備和爸爸一起上學。等到七點半，輝輝總算背著書包從自己的房間裡走了出來。

父母一邊安慰輝輝「吃完早餐再走」、「不急」，一邊把早餐端給已經背好書包的

輝輝面前。輝輝接過牛奶，一口氣喝了個精光。欲速則不達，喝得太快，不小心嗆到，不斷地咳嗽起來。

媽媽連忙從梳粧檯前走過來，幫輝輝倒水、捶背。咳嗽停止，輝輝便拉著爸爸出門了。

車剛剛開不到一百公尺，輝輝突然喊了起來：「爸爸，停車，我們今天有美勞課，我準備的美勞用具沒有帶。」

爸爸無奈，只得打道回府。

等爸爸汗水淋漓地幫輝輝從樓上拿回美勞用具的時候，已經是七點四十分了。這下，輝輝更著急，拚命催促爸爸快點開車。

到了學校，上第一節課。輝輝打開書包，才發現國文課本忘在家裡了。瞥一眼功課表，還好，第三節課是國文課，完全來得及。

媽媽剛到辦公室，輝輝的電話就從學校追來了：「媽媽，我忘記帶國文課本了，第三節課就得用，妳快回家幫我拿來！」媽媽有些不悅地說：「你怎麼又忘東西了？」電話裡輝輝卻急了：「媽媽，幫幫我吧！沒有課本，我怎麼上課啊！」

媽媽有些為難了。今天是公司月底結帳的時間，是財務部最忙的時候。這時走開是不敬業的，可是輝輝的國文課本怎麼辦呢？

媽媽紅著臉跟主管去請假。

主管很同情，只是說：「快去快回，不要等到時候經理來了。」

媽媽邊急急忙忙收拾東西，邊連連點頭：「是，是，我現在是以孩子為中心，別耽誤他的學業就行了……」

媽媽把輝輝的國文課本送到。可是媽媽的工作也因為擅離職守被辭退。這下，媽媽才察覺到了兒子丟三落四的行為已經變成了一種不好的習慣，影響了自己的生活。

輝輝的媽媽是會計師，找一份工作並不難。但是如果自己的兒子依然這樣做事依賴父母，不能獨立，會影響獨立個性的培養。

其實，像輝輝這種忘記帶國文課本的情況，完全沒有必要非讓自己的媽媽送來。輝輝那個年級好幾個班，每個班上國文課都是不同的時間，輝輝可以從別的班級借一本。由此可見，父母的關照已經限制了孩子的獨立思考和獨立行為能力。

現在自己的孩子已經習慣於依靠父母生活，沒有自己的主意。時間一久，父母幫不上忙的時候，這個孩子必然缺乏自信心，也缺乏獨立解決問題的能力和對人、對事應有的責任心。

媽媽越想越怕，沒想到自己對孩子的縱容竟然使得自己的孩子陷入了一個可怕的成長惡習。她覺得自己必須把孩子從對家長的依賴性中改正過來，尊重孩子的獨立人格。

於是，父母把兒子叫到面前，很嚴肅地對他說：「媽媽因為上班時間幫你送國文課本，現在已經被公司辭退。如果媽媽沒有記錯的話，這一年媽媽已經幫你送過七次東西到學校了。你已經長大，應該能夠獨自照顧好自己的日常事務。從今以後，你自己的事情自己處理，像作業簿忘在家裡這類事情，你自己要回家來拿！」

聽到媽媽這樣說，輝輝雖然心裡不開心，但也勉強答應了。

媽媽知道孩子的獨立個性不是一下子就能培養起來。所以，每天晚上媽媽都會叮囑輝輝整理好自己的生活用品、學習用具。並教他怎麼整理自己的衣服、被子，怎麼在每天晚上把第二天要穿的衣服、要用到的東西放好。

為了讓輝輝找東西的時候省力，媽媽把家裡的生活用品放置得井井有條。而且用醒目的標識把父母的用品和輝輝的用品區分開。輝輝經常用的東西更是放在顯著位置，使得輝輝尋找的時候一目了然。

二·車到山前沒有路，做事拖沓也是病

做事拖拖拉拉可能是一種「心」病，是一種心理不健康的表現。《美國高等教育紀事報》報導，美國德寶大學的心理學家約瑟夫·R·法拉利發現，做事拖拖拉拉也是一種病。

生活中，有的人總把「明天做、日後做」這樣的話掛在嘴邊。他們感覺不到行動的動力，把不喜歡的事、太費力氣的事統統能拖則拖，想著「沒關係，放在明天做會更好」。但到了明天，也未必能找到行動的動力，於是自我安慰「船到橋頭自然直」。有的人對自己缺乏自信，做事情沒有把握，習慣於放大困難，害怕做不好而遲遲不肯動手，在時光的拖延中虛耗歲月，總是與成功擦肩而過。

現在的家長都希望自己的孩子將來有出息，這就需要從孩子小的時候就養成做事有計畫、雷厲風行的習慣，改掉拖拖拉拉的毛病。

媽媽站在陽臺上，眼見很多孩子都背著書包回來了，唯獨不見自己女兒亭亭的身影。媽媽倒是沒有擔心自己的女兒路上遇上危險，只是嘆氣：「這孩子怎麼就這麼磨蹭呢？連放學回家都比別人慢！」

前幾天家長會結束後，老師特意把亭亭的媽媽留了下來。亭亭學校成績不差，老師也就沒有像對待別的家長那麼嚴厲。他和顏悅色地對亭亭的媽媽說：「亭亭昨天數學測驗，兩張試卷只答完了一張，時間就到了。其實，另一張試卷上的題目，亭亭都會做，只是解題解太慢了，很可惜呀！你們家長是不是能夠配合，想辦法提高亭亭做事的效率。」

媽媽滿口答應：「可以！在家裡寫作業，我們也經常提醒她，不要寫幾個字就轉一下筆，摸摸這個、挪挪那個的，可是總是改不了，我們也很苦惱。」

日常生活中亭亭的個性就是這樣拖拖拉拉。

有一次，媽媽在浴缸裡放好水，有別的事情先出門。臨出去的時候，還囑咐她在媽媽回來前必須梳洗完畢。媽媽出去了足足有一個小時，回來的時候亭亭還沒刷牙，也還沒洗澡，正站在浴缸邊玩小輪船呢！

每天早晨起床，媽媽不催上個五、六遍，亭亭絕對走不出自己的房間。有一天，是媽媽硬把亭亭從床上拉了下來，才沒有遲到。

每天放學後寫作業，時間都很充裕。可是書本一放好，亭亭就沒有停手過，一會兒坐到電腦前，東摸西摸，不時去趟客廳、廁所，父母做事她走過去看幾眼，一會兒拿塊糖放在嘴裡，糖吃完了再拿個水果，總之，做雜事的時間要遠遠多於寫作業的時間。到睡覺的時候，眼見著作業做不完，因為媽媽左催右催，才急急忙忙趕出來。

媽媽當然知道女兒做事拖拖拉拉不是好習慣，但是並沒有認識到女兒的拖拖拉拉已經嚴重影響到正常的學習。她決定要幫助女兒改掉拖拖拉拉的毛病。

週末，媽媽公司春遊，為時兩天，去的正好是亭亭嚮往已久的郊外，可以看櫻花。所以，提前幾天媽媽就答應了帶亭亭一起去。

星期五的晚上，媽媽已經把兩人旅途要用到的東西整理好了。星期天，出發時間是五點半，媽媽告訴亭亭如果爬不起來，媽媽絕對不會等她。第二天，媽媽叫了亭亭三次，亭亭都說，睏死了，讓我再睡一會兒，急什麼？媽媽無奈，只好自己出發。

媽媽回來的時候，亭亭看了媽媽帶回來的照片，看到了郊外旖旎的風光，羨慕極了。對媽媽說：「您也不等等我！」

媽媽沒理亭亭，告訴她，如果下次旅遊，妳起不來，媽媽照樣不會等妳的。亭亭嘟起小嘴，狠狠地說：「我一定要爬起來！」

暑假的時候，媽媽去出差，媽媽也答應帶亭亭去見見世面。媽媽告訴亭亭，需要早晨四點起來趕火車。亭亭答應，媽媽一喊就起床。有了上次被媽媽毫不留情丟下的經歷，這次，媽媽喊了一次亭亭就乖乖地起來了。

度過了一星期的快樂時光，回來的路上亭亭還興奮地講述著那裡的風土民情。趁著

女兒高興，媽媽對她說，如果妳跟上次一樣不能早起，可就看不到這麼美麗的風景了。

女兒眨眨眼，頑皮地笑了起來。

孩子年齡小，常以自我為中心，有時不照大人的意思去做，而且家長越反對還會越叛逆。家長的循循善誘是勸誡孩子改正缺點的有效方法，孩子容易聽到心裡，如果父母趁著這個機會，藉此矯正孩子的行為，效果會更好。

媽媽攔住女兒說，等回到家，媽媽為妳制訂一個日程紀錄表，以後把你每天放學後做的事情在睡覺前利用一點點的時間紀錄在小本子上，看看每天放學後妳有沒有有效利用時間，利用這段時間做了多少有意義的事情。

亭亭爽快地答應了。

從那以後，亭亭每天都巨細靡遺地紀錄下自己所做的每一件事情。一個月以後，媽媽和亭亭一起打開本子看。亭亭發覺，自己做瑣碎事情的時間遠遠大於學習的時間。媽媽告訴她：「其實，妳要踏踏實實坐下來專心寫作業，每晚八點半就可以寫完。每天都熬到十點，就是因為妳經常不專心。這樣，作業也做不好，也沒有休息的時間。」

從此，亭亭寫作業時不專心的時間明顯減少了。而且，再也不寫一會兒作業，就心不在焉地在一張紙上亂塗亂畫。

平等，是讓人接受建議最關鍵的要素。教育孩子最忌諱的是父母把自己的想法強加在孩子身上。亭亭的媽媽面對做事拖拖拉拉的亭亭，沒有直接要求亭亭該怎麼樣，而是將亭亭一件一件事情因為拖拖拉拉帶來的後果展現在亭亭面前，讓亭亭自己覺悟。

父母將孩子當做獨立的個體是教育孩子的基礎。只有這樣，孩子才能在平等、民主的氛圍下有成為自己主人翁般的參與感，體驗到父母對她的尊重，她才會好好地配合父母的教育。

亭亭切實知道了自己做事沒有效率的缺點後，在媽媽的建議下，開始制訂日程計畫表。也就是以計畫的形式，把放學後的時間分割成幾個部分，每部分安排處理固定的事情。為了便於實施，媽媽還幫亭亭買了一個計時器。

有了計時器，亭亭每段時間都能有效利用，尤其是做功課，從來沒有超出預定時間，大大提高了做事效率。最令亭亭父母開心的是，由於亭亭學習效率提高，她的成績已經躍升到優等生的行列。

三、該出手時就出手，不要任憑小朋友打

小孩之間打架是常有的事，一般情況下，也不至於將對方打成重傷。即便如此，當孩子出去玩的時候，家長大多會囑咐一句：「好好玩，別打架啊！」在父母不斷的囑咐聲中，自己的孩子是沒有打架，可是卻被別人欺負。

云云是個乖巧的女孩，從小到大都很聽父母的話。也沒有和哪個小朋友吵過架，平時也很主動學習，所以家長一直很放心。

好不容易到了禮拜天，云云總算有時間看一會兒自己喜歡的故事書。當云云正讀得起勁的時候，媽媽的朋友李阿姨帶著她七歲的兒子淘淘來串門子。淘淘比云云小一歲，稱呼云云小姐姐。

媽媽要和李阿姨說話，陪小客人的任務自然落在云云的身上。云云雖然惦記著沒有看完的故事結局，但做為小姐姐，還是大方地拿出一些玩具，陪著淘淘一起玩。淘淘一會兒要姐姐和他下棋，一會兒要求姐姐講故事給他聽，一會兒又拿出拼圖玩，云云總是耐心地遷就著小弟弟。

過了一會兒，李阿姨要告辭，可是淘淘卻說什麼也不走，非要和姐姐一起玩。李阿

姨說：「姐姐每天上學很辛苦，好不容易休息了，想看看自己喜歡的書，咱們別打攪她了。」說完就拉著淘淘往外走。

任性的淘淘，坐在地上哭起來，就是不回家。云云的媽媽看到這樣的情景，趕緊說：「云云作業都寫完了，也沒什麼事，就讓淘淘再玩會兒吧！」

云云小聲說：「我的書還沒有看完呢！我已經陪他很長時間了，我要做自己的事情了。我可以把玩具給他，讓他自己玩。」

媽媽生怕李阿姨尷尬，趕緊把云云拉到一邊：「寶貝，淘淘是客人，妳又是姐姐，要懂禮貌、知道謙讓，多陪小弟弟玩一會兒。再說，他們也不是經常來，不就是少看會兒書嗎？以後再看吧！」

云云十分不情願地坐下陪淘淘。可是這回，她再也沒有耐心了，淘淘邀請云云一起玩積木，云云沒有興趣只是「哼哼哈哈」地應付著。

淘淘見云云不跟自己玩，拿起一塊大大的積木對著云云的頭部砸了過來。本來就已經不耐煩的云云，這下火氣上來了。伸手就給了淘淘一巴掌，打得淘淘哇哇大哭。

淘淘也不甘示弱，整個人都跳到了云云身上。兩個人你扯著我我拉著你廝打成一片。這下，媽媽面子可是真掛不住。一猛勁就把云云抱到了一邊。

兩個人年齡相仿，自然都沒有少挨打。云云的媽媽一邊問：「玩得好好的，為什麼

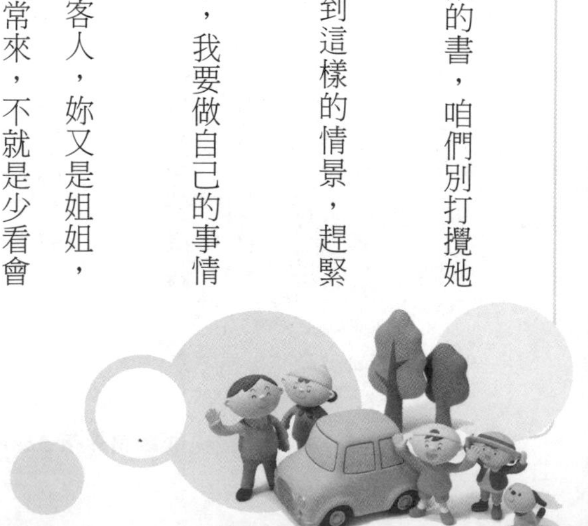

突然打起來了？為什麼打架呀？」

云云不說話，媽媽正想著跟客人道歉，淘淘的媽媽卻爽朗地笑了起來。她說：「好久沒看見小孩子打架了，兩個孩子都不錯，當被打的時候，沒有等著挨打，知道伸出手還擊！」

云云的媽媽不理解，說：「兩個孩子打成這樣，妳還在那邊笑，哪裡像個母親，真是的！」

淘淘的媽媽不理會云云媽媽，對云云說：「好孩子，淘淘先動的手，妳打他沒錯，況且也沒有下手太重。記住，當別人打妳的時候，不要任憑別人打，該出手的時候就出手！」

聽淘淘的媽媽這麼說，云云的媽媽嘴巴張得都合不攏了。

淘淘的媽媽說，孩子打架，沒有害處，相反卻有利於孩子的成長。孩子在廝打的過程中，能感覺到被打的疼痛，會千方百計尋求致勝之道。

孩子打架，還能增進朋友間的感情。淘淘過生日時，鄰居幾個小朋友到淘淘家玩。幾個孩子圍在一起玩玩具，過了不久，卻互相搶起玩具來。

原來，幾個孩子要玩扮家家酒，兩個小朋友都想扮「爸爸」，爭搶一個漂亮的帽子做道具。這個過程，淘淘的父母都沒有理會他們，孩子們你推我一下，我拉你一把，玩得不亦樂乎。

淘淘的媽媽說，孩子打架是一種自然現象。這時，孩子還不能控制自己的慾望，假若他的慾望與別人相衝突時，就會打架，吵著吵著問題的解決方式就出來了。同時，孩子們也自然會明白，打架不能從根本上解決問題，以後發生衝突就不會藉由打架的方式來解決。所以說，孩子小時候多打架，也是成為將來不打架的必經之路。

換句話說，孩子經過打架可以培養合群性。淘淘媽媽的話醍醐灌頂般澆醒了云云的媽媽。

云云也曾經是一個喜歡跟小朋友熱熱鬧鬧玩在一起的孩子。可是自從在幼稚園操場上，東東搶了云云的帽子，邊跑邊喊：「哦，追不著！我把妳的帽子扔臭水溝去囉！」正巧被媽媽遇上，媽媽訓斥了東東一頓後，再也沒有小朋友喜歡和云云玩鬧。

孩子之間有著孩子的遊戲規則，如果大人因為怕自己的孩子被傷害，或者怕自己的孩子傷害到別的孩子而以仲裁者的姿勢介入，那麼勢必敗了孩子的興致，使自己的孩子離小夥伴的群體越來越遠。

所以，父母對孩子之間的爭吵，採取何種態度十分重要。看到孩子打架，我們也只需問打架的原由，無需責備孩子打架的事件本身。當孩子打架的時候，只需問問：「為什麼打架？」、「不要動手，也不要用器具！」

教育專家指出，打架有助於兒童的心理發展。這麼說是有道理的，不管是現在還是將來，孩子都要在社會中生活，需要與各式各樣的人打交道。而打交道的能力是從孩子小的時候開始建立起來。

當孩子在打架的過程中動腦筋尋找妥協點的時候，他們的合作能力和社會性正慢慢地在孕育。如果這個過程被父母和老師在發展途中橫加阻隔，必然會剝奪這個寶貴的心理建設機會，也勢必妨礙孩子合作能力與社會性的發展，使孩子成長以後很難得到好人緣。

四．從小不亂花錢，長大了才能更有錢

所有的父母都希望自己的孩子一生幸福，但是幸福的生活都離不開一樣東西——錢！想要使自己的孩子成為一個有錢人，需要具備理財的基本能力，一定要從孩子小的時候開始對其進行關於「錢」的教育。

欣欣五歲的時候，媽媽帶領欣欣去朋友家拜訪。朋友經過多年打拼，事業成功，購置了寬敞的樓房，房子裝潢設計採用的是歐美流行復古與時尚相結合的款式，奢華又不失典雅。

特別是朋友兒子那個舒適、寬敞、放滿了卡通玩具的房間，簡直是個兒童的樂園。欣欣在朋友家裡玩得不亦樂乎。回來的路上，忍不住問媽媽：「那個叔叔家的房子怎麼那麼大？房間那麼多、那麼氣派呢？」

媽媽說：「那個叔叔有錢，當年叔叔從很遠的沿海地區來到這個大都市，靠自己的打拼，又不斷努力，今天已經奮鬥成了有名的建築商了。」

欣欣說：「有錢真好，長大了我也要做個有錢人！」

媽媽拍拍欣欣的肩膀說：「好啊，先祝福我女兒。但是媽媽提醒妳，想要成為有錢

人是要付出艱苦的努力，鈔票是不會從天上掉下來的。」

欣欣的媽媽格外注重在日常生活中把錢的重要性灌注於對欣欣的教育中。媽媽經常跟欣欣說：「要想買好玩具，要想穿漂亮的衣服，妳就必須有錢。」等欣欣大一點，媽媽就跟她說：「要想住大房子，開好汽車，就必須會賺錢。」等欣欣上國小，媽媽就跟她說：「要想當個有錢人，最基本的就是讀好書。」

在媽媽不斷的教育中，欣欣表現出了對錢的強烈佔有慾。只要看到錢，只要錢到了她的手裡，別人就算說多少好話，錢也拿不走了。而且，花起錢來毫不手軟。前幾天，欣欣拉著媽媽來到商場，一定要媽媽幫她買將近兩千元的文具套裝組合。媽媽仔細看了看那個文具組，外形雖然漂亮，但是價錢太高。

媽媽對女兒說：「這個文具組只是外形別緻，但是實際價值不值兩千元。況且妳的文具還很新，不需要換新。」

欣欣生氣了：「我的很多同學都是用這樣的文具組！」

媽媽一下子明白，欣欣不但懂得了錢的重要意義，而且在比較中開始追求高消費。為了不讓欣欣陷入金錢的漩渦，媽媽覺得應該用合理理財、適當消費的理念來規範孩子的行為。

於是媽媽說：「精美的禮品盒裝文具和一般文具相比，只是包裝更加漂亮，盒內的小本子、鉛筆和文具盒加起來不到五百元，不划算。其次，妳的文具組還能用，扔掉就浪費了。要想成為有錢人，要知道節約用錢！」

欣欣聽懂了媽媽的話，沒再堅持買昂貴的文具組。

為了讓女兒懂得節省，媽媽以她的名字幫她開了戶，並一次幫欣欣存進兩千塊錢。在自己有錢的心理驅使下，欣欣養成了儲蓄的習慣，無論是拿到壓歲錢還是拿到稿費，欣欣首先想到的是拿出一部分存在戶頭裡，然後才進行必要的消費，而且每次買東西，欣欣都會左右衡量這個東西該不該買。

父母鼓勵孩子存錢，並不是非要利用孩子的這些錢做什麼大事，而是培養孩子能夠合理理財、積極儲蓄的耐性。

欣欣九歲後，媽媽每個月發給她三千元零用錢，並且規定零用錢不能預支。零用錢的使用範圍包括購買零食、課外書、雜誌、光碟，請小朋友吃飯、送小朋友禮物等。欣欣擁有三千元完整的支配權，但每筆支出都必須記帳。媽媽幫欣欣準備了一個記帳本，要求把每次花錢的日期、用途和金額都詳細地紀錄在上面，而且把每月的餘額也要清楚寫下來。令媽媽欣慰的是，欣欣每個月都會有餘額剩下，並獨自存到自己的戶頭裡。

當家長把壓歲錢、零用錢存到孩子的戶頭裡時，家長要讓孩子懂得錢放在家裡不會「升值」，但存到銀行可以變多一些，也就是取得利息收入，讓錢自己去生錢。

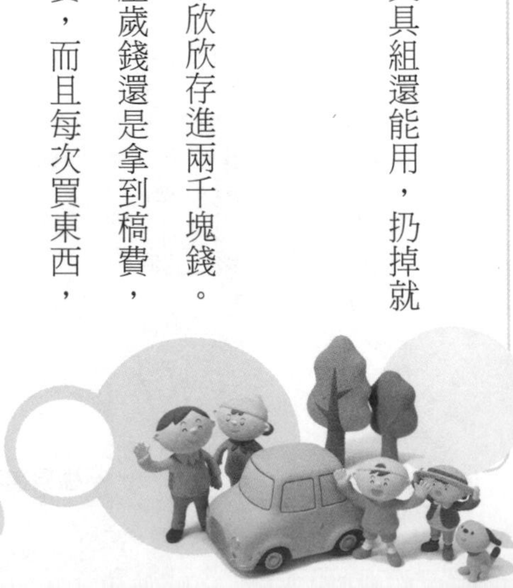

當一個孩子知道存錢、愛錢的時候，如果父母引導不當，很可能就會步入「守財奴」的境地。這時，媽媽適時的指導就顯得尤為重要。

一次，欣欣回到家裡，坐在客廳裡悶悶不樂。

媽媽問：「寶貝，怎麼了？」欣欣說：「我的同學過生日，我在傷腦筋送給他什麼禮物更省錢。」

媽媽說：「上次妳過生日，同學送妳一個精緻的布娃娃，價值五百多元，妳要送差不多價值的禮物吧？」

欣欣說：「我也這麼想，可是我有點心疼錢。」

媽媽對欣欣說：「禮物可以增進妳和同學間的感情，讓你們的關係更好。妳過生日的時候收到禮物那麼開心，妳也應該送出讓同學開心的禮物。怎麼能夠因為心疼錢，就放棄一份美好的友誼呢？」

於是媽媽告訴欣欣：「生活離不開錢，但是生活也離不開友誼。用錢來促進美好的友誼，能夠增進同學間的感情，就是把錢用在了需要的地方，不屬於亂花錢，而且花得很值得。」

於是，欣欣開開心心地從自己的帳戶中取出錢來，給同學買了一個很大的蛋糕。參加完生日宴會回來，欣欣開心極了，她說：「同學們都說要向我學習，把平時的零用錢存下來，將來幫同學買生日禮物呢！」

五．摔倒了爬起來，推卸責任貽害終生

父母理智的愛是孩子成功的基礎，做為父母一定要明白，孩子幼時的跌跌撞撞只是生命起始階段微小的坎坷，要學會引導孩子面對傷痛和挫折，積極從自我身上尋找原因。如果一味怨天尤人，很難擁有獨立的人格和完滿的人生。

琪琪、爸爸、媽媽和爺爺、奶奶，一家人吃過晚飯，圍坐在客廳的沙發上聊天。事業有成的兒子好不容易把父母和孩子從郊外接到了城裡，和樂融融的氛圍讓家庭成員的每個人臉上都洋溢著幸福和滿足的微笑。這麼多年，琪琪的父母為了事業，把琪琪放在郊外的爺爺、奶奶家一晃就是三年，如今，全家團聚，非常開心。

伴著一陣急促的「嘩啦嘩啦」聲，琪琪刺耳的哭聲也響起來。一家人奔到哭聲的發源地——廁所，才發現，女兒捂著腦袋已經摔倒在浴缸旁邊，身上沾滿了正冒著泡泡的洗髮精。

爸爸一下就猜到，女兒拿了洗髮精到處亂擠，以致於地面太滑，才會摔倒撞在浴缸上，把頭撞疼了。

「哎呦，寶貝，怎麼摔倒了呀！來，奶奶抱抱！」奶奶大呼小叫的樣子，很讓琪

琪的爸爸看不慣，但是又不好明說。

奶奶這樣也就罷了，沒想到做了半輩子教師的爺爺一腳把洗髮精的瓶子踢到一邊，惡狠狠地說：「什麼破東西，把我孫女摔成這樣！」

在奶奶的懷抱裡，琪琪哭得更厲害。其實琪琪的爸爸已經仔細查看，琪琪的身體裸露部位沒有發生任何擦傷，摔得也不重。

奶奶接著數落：「寶貝，別哭！奶奶把那破洗髮精扔到垃圾桶裡去！還有那該死的浴缸，把它也敲哭了！」

聽了奶奶的話，琪琪從奶奶的懷抱裡掙脫出來，拉著奶奶的手說：「走，奶奶，妳把浴缸給砸了。」

奶奶牽著琪琪的手，來到廁所，伸出手向浴缸拍了過去，琪琪見浴缸根本沒有破的跡象，哇哇大哭起來。

爺爺、奶奶沒辦法了，總不能真的把家裡的浴缸給砸了吧？

爸爸皺眉，把女兒抱過來說：「妳摔跤是因為妳自己不小心摔倒，跟浴缸沒有關係。妳不洗頭髮，把家裡的洗髮精到處亂擠，爸爸還要懲罰妳。」

聽到爸爸這麼說，琪琪大哭起來。

爺爺、奶奶要上前制止，爸爸抱起琪琪來到臥室，關上房門開始教育琪琪。

爸爸說：「不要跌倒了就只是哭！記住，摔倒了不要怪罪，以後自己摔倒了就要自己爬起來。浴缸本來就在那裡，妳要想不被撞到，就要避開它。還有，以後不可以把洗髮精到處亂擠。否則，摔倒了也沒有人會同情妳。」

琪琪點點頭，眼睛一眨一眨地聽完爸爸的話，爸爸親了親女兒，推門一起走出臥室。

以上情景在很多家庭中都不陌生，當孩子摔倒的時候，很多長輩為了哄孩子不哭，罵「凳子」、「桌子」、「椅子」；吃飯時，孩子把桌上的碗碰翻了，家長互相責怪沒看住孩子或者不把碗放到孩子摸不著的地方。孩子稍稍長大，孩子漏做了作業，父母互相埋怨只顧自己玩耍，幫孩子檢查作業不夠認真；孩子參加學校的郊遊要早起，媽媽一個晚上醒來三次，生怕耽誤叫醒孩子。

這些做法看似緩解孩子一時的窘迫，實際上卻為孩子的成長埋下了禍患。無論孩子是因為碰到茶几摔倒，還是走路不小心被東西絆倒，如果在確認沒有什麼傷害的情況下，父母都不要去責怪茶几什麼的，本著自己對自己負責的原則，最好讓孩子自己起來。

只有這樣，才能讓孩子懂得自己的哪種做法將會產生什麼後果，他才會對自己的行為負責。當孩子遇到麻煩的時候，告訴他：「是你自己選擇的，需要你自己來承擔解

決。」

就像最為普遍的摔倒行為，一定要讓孩子明白，地面和茶几等不會動，本來就是固定在那裡，是因為你自己不小心所以才會摔倒。漸漸地，是非曲直在孩子心中顯現，當發生各種狀況的時候，孩子就會懂得責任在自己，自己以後要小心，避免這些情況出現。

漫漫人生路可謂荊棘叢生，如果沒有足夠的擔當力和責任心很難擁有一個堅定的自我。可以說，責任心最初就是起始於孩子自己摔倒時對於摔倒原因的認定這樣一種小小的細節。家長「打桌子」、「怪椅子」的行為則是孩子責任心喪失的罪魁禍首。

很多孩子在家嬌生慣養，根本就不知道什麼是責任，更不用企盼他們會對自己的行為負責。隨著孩子一天天地長大，他們離自己在家裡和社會中所應承擔的責任越來越遠。

責任心是孩子做人、成人必備的條件，有了責任心，他才能認真去做事，並且對事情負責任。所以，要培養孩子的責任心，必須讓他們從小就對自己的行為負責。一個沒有責任心的人，必然與社會的要求相背離，也終會被社會所遺棄。

琪琪的爸爸正是源於對孩子責任心培養的重視，才不忽略孩子的「摔倒」行為，讓她摔倒了就自己爬起來。另外，隨著琪琪一天天懂事，爸爸還注重從日常小事，著意培養孩子的責任心。

夏天來了，媽媽幫琪琪買回來一個可以灌水的涼枕。買的時候，媽媽出於好玩，因為涼枕灌水後就會突起成一個大大的荷花圖案，很美麗。琪琪看到後，非常喜歡。對正在灌水的媽媽說：「媽媽，我來灌水吧！」媽媽答應了，就去忙別的事情。可是，等媽媽出來看琪琪有沒有完成任務時，琪琪已經扔下涼枕，去看動畫片了。

媽媽生氣了，責怪道：「這孩子，做事情怎麼有始無終？」

爸爸得知事情的原委後，把琪琪叫過來，對琪琪說：「妳自己從媽媽那裡爭取到幫涼枕灌水，就要負責到底，半途而廢可不是好孩子！」

琪琪點點頭，在爸爸的幫助下很快幫涼枕注滿了水，大大的荷花伸展開來，好似一個粉紅的大笑臉。

面對生活中紛繁複雜的時候，父母經常告訴琪琪什麼該做，什麼不該做，該做的怎樣做，不該做的做了將會造成什麼惡果。

做日常事務的時候，無論是學習方面的，還是生活方面的，比如寫作業、鋪床、穿衣服等，無論琪琪做得多麼差勁，父母都不會責怪琪琪，而是耐心地教會琪琪正確的做法。琪琪的父母說，這樣才不會打消孩子做事的積極性和責任感，孩子才樂於承擔更多的責任。

茲格拉夫人說：「有時候，身為父母的內心也會在愛與公平之間搖擺猶豫，但是不能因為孩子的藉口而一味地遷就他的喜好，讓他逃避責任。孩子如果沒有按規定整理好他的書櫃，那麼面對他喜愛的電視節目，我們也只能做出很『遺憾』的決定。」琪琪的父母堅信這個道理，所以，偶爾也會動用懲罰的小伎倆。

六．自己剝殼吃蝦，味道才最鮮美

有關媒體報導，一位大學生，是家中的獨子，從小備受寵愛，茶來伸手，飯來張口，甚至上了大學後父母還要每週到學校為他料理生活。大學畢業，他考取了出國留學的獎學金，全家人非常開心。可是他一想到自己將要獨自一人出國求學，無人照顧，心中焦慮不已，不久後精神失常。

這是一樁典型的溺愛釀造的悲劇。大學生的父母為此後悔不已：「我們凡事為他著想，誰知卻害了他。」做為父母，孩子出現這樣的結局，無論如何捶胸頓足，也只剩下追悔莫及了。

可憐天下父母心，但是關愛不當，為孩子帶來的就會是苦果。很多家長「心太軟」，對孩子的一切溺愛縱容，飯來張口，茶來伸手，白天接送，晚上陪讀，以致於孩子見不了世面，經不起風雨，難以獨立。

沒有哪個家長不希望自己的孩子長大後有所作為，但是，卻有越來越多的孩子得了「生活不能自理症」。這究竟是為什麼呢？著名教育家陶行知說：「讓孩子自己出力、流汗、吃飯才是英雄。」

蓮蓮三歲的時候，經歷了一場至今讓媽媽想起來都膽顫心驚的事故。那天，爸爸出去了，媽媽調好熱水器的溫度後，幫蓮蓮洗澡。

洗著洗著，電話鈴聲響了。媽媽把蓮蓮放在浴盆裡，任憑熱水嘩嘩沖到蓮蓮身上。然後就趕著去接電話，還沒有講幾句話，就聽到了女兒撕心裂肺般的哭聲。媽媽回到廁所，發現浴室內煙霧瀰漫，散發著一股焦糊味。

原來熱水器調控失靈，達到設定溫度後還在繼續燒，以致水都快燒沸騰。幸虧孩子反應迅速，從浴盆裡站了起來，只是導致後背部右側以及足跟部燙傷較嚴重。看著蓮蓮在醫院接受治療時的痛苦表情，媽媽心中對女兒充滿了愧疚。

從那以後，無論蓮蓮做什麼，媽媽都寸步不離。只要存在一丁點危險，媽媽都不會讓蓮蓮去做，而是自己代勞。

蓮蓮喜歡吃蝦，但是蝦子難剝殼，媽媽擔心會扎到蓮蓮的手，每次吃蝦都是媽媽替蓮蓮剝殼。

那天，媽媽帶蓮蓮去外公家聚會。幾個表兄弟、表姐妹都到了，外婆給大家煮了一大盤蝦子。一端上桌，幾個孩子就大呼小叫地開始剝殼。一會兒這個扎到手，一會兒那個扎到手，哎呦哎呦地叫個不停，但是孩子們的神情都是愉快的。

每個孩子爭著搶著把剝好的蝦子送到外公、外婆嘴裡，外公、外婆哈哈笑著誇獎他們是好孩子。這個時候，蓮蓮就顯得有點尷尬了，因為她從沒有剝過蝦殼，不但不知道剝蝦殼的技巧，就連拿起那個蝦子的勇氣都沒有。外婆不解，問她怎麼不吃蝦子，蓮蓮只是說自己不喜歡吃蝦子而搪塞過去。本來是一場快樂的聚會，卻因為自己不會剝蝦殼而掃興。

回到家，媽媽把情況跟爸爸講述了一遍。爸爸若有所思地說：「只有自己剝殼的蝦吃起來才有樂趣，味道才是最鮮美的。明天爸爸就買蝦子回來，讓我的女兒自己剝殼吃。」

蓮蓮喜出望外，但是又有點不相信地看看媽媽，怯怯地央求媽媽：「媽媽，我真的想吃自己剝殼的蝦子。」

媽媽點點頭答應了。

第二天，媽媽把煮好的蝦子端到桌上來，並準備了調味料。

爸爸教蓮蓮先把蝦子的尾部掰下來，掰的時候用力要均勻，以免被蝦子全身最硬的部位扎到手。然後把所有的腿全揪下來，從尾部下手，輕輕把上下的殼剝下來，就剩鮮嫩的蝦肉了。

蓮蓮照著爸爸教的方法，剝了一隻又一隻。不但自己剝著吃，還不斷剝給父母吃，一家人其樂融融。

媽媽從這件事情上領會到要想自己的女兒生活得更幸福，就要儘量讓女兒多做事，

擁有做事的能力。這樣，女兒才能擁有更多的自由，更大的自主能力，同時還能強化孩子的手眼協調能力。

細心的父母都會發現，孩子很早就表現出一種獨立的意向，走路會推開媽媽的手，有了「我自己來」的要求。隨著不斷長大，就有了想要幫助大人做事的慾望，期望從幫忙做家事中，獲得大人的稱許與肯定。如果家長給了孩子這樣的機會，在孩子勞動的過程中並給予肯定和讚揚，那麼這會使得孩子具有較強的自主實踐意識。

隨著蓮蓮不斷長大，在媽媽的著意培養下，儼然已經長成了一名勞動能手。那天，家裡來了客人，恰巧媽媽加班回來要晚一些，叮囑客人留下來等她。客人有重要的事情要跟媽媽談，到了即將吃晚飯的時候，媽媽還沒有回來。客人有點不好意思，走也不是坐也不是。

蓮蓮給客人沏好茶，自己就進了廚房。約莫有半個小時，蓮蓮做好了兩道菜，並熱情地邀請客人用餐。等媽媽進門的時候，客人和蓮蓮正高興地用餐呢！當客人跟別人講起十二歲的蓮蓮竟然有如此能力時，很多人都不相信。

美國哈佛大學曾對一個地區的四百多名兒童做過一項長期的追蹤調查。結果發現：愛做家務的孩子和不愛做家事的孩子相比，長大以後的失業率為1：15，犯罪率為1：10；愛做家事的孩子平均收入要高出百分之二十左右，他們的離婚率、心理疾病患病率也較低。對於過分溺愛孩子的父母來說，這真是一個很好的警示。

6

會說話的父母巧言慧語，
教孩子從小贏得好人脈

人際關係的圈子有多大，成功的機率就有多高。在當今這個處處講關係的時代，一個人的人際關係相容性越高、情緒穩定性越高，人脈就越好。所以，父母應該從孩子小的時候就著手培養孩子的人際能力。

一・寶貝，不要總是一個人看螞蟻搬家

當發現自己的孩子總是游離於身邊的朋友或者同學圈子之外的時候，父母一定不要對孩子這種不合群的行為掉以輕心。從心理學的角度來看，不合群的人屬於孤僻離群，雖說和自閉症、抑鬱症等病因形成的孤僻狀態不一樣，但同樣是不健康的社會行為模式，是需要矯正的自我心理狀態。

最近，強強的媽媽越來越發現自己的兒子總是獨自一個人玩，即使到了週末也是一個人窩在家裡，玩玩電腦、做模型、看看書什麼的。媽媽擔心兒子無法形成自己的交流圈，沒有生活的群體，會嚴重影響到往後的生活，於是著意尋找機會改變兒子當前的交往狀態。

又到了星期天，媽媽在陽臺上曬衣服，看到社區裡的孩子都在小花園一起玩耍。於是對兒子說：「強強，今天天氣真好，那麼多小朋友都在外面玩耍呢，你也出去一起玩吧！」

強強猶豫了一會兒，大概是被窗外燦爛的陽光和媽媽的熱情感染，終於放下手中的遊戲，下樓了。

媽媽接著忙自己的事。再次來到陽臺的時候，目光透過那些快樂的身影並沒有搜尋到自己的兒子。媽媽心裡嘀咕，走下樓來。發現強強正蹲在一棵樹下，低著頭看螞蟻，還不時用小草撥弄點什麼，似乎是幫助螞蟻送點食物。

媽媽突然覺得孤獨的兒子有點可憐，她靈機一動：「何不幫助自己的兒子貼近小朋友呢？」

媽媽走近強強，說：「兒子，螞蟻搬家很有趣的，如果邀請小朋友一起來觀看，還會有很多新的發現噢！」

強強望望正互相追逐的小朋友，眼中流露出渴望。

媽媽走近那些小朋友，說：「孩子們，休息一下，強強發現了一個很大的蟻巢，特意邀請你們一起來看『螞蟻搬家』。」

「好啊！在哪？在哪？」那些孩子瞪大好奇的眼睛，歡呼著跟隨強強的媽媽來到了樹底下。

看著在大團大團白色蟻卵中不停忙碌爬行的螞蟻群，孩子們一陣陣驚呼：「強強真厲害，發現了這麼大的蟻巢！」、「我還是第一次見到蟻巢呢！」

看到大家興高采烈的樣子，強強開心極了。

一個叫盈盈的小夥伴說：「螞蟻有四隻腳。」她的話立刻遭到同伴的反駁。欣欣說：「不對，螞蟻有六隻腳，不信妳看看。」

可惜，螞蟻太小，很難仔細觀察。

這時，強強想到如果有一個放大鏡，不就能把螞蟻究竟有幾條腿搞清楚了嗎？強強徵求媽媽的意見，媽媽說：「你告訴小朋友，你回家拿放大鏡，讓他們等你。」

強強覺得這個主意不錯，但是走到小朋友中，又靦腆起來了，有點張不開嘴。媽媽鼓勵強強：「說呀！」

強強鼓足勇氣，拉住兩個小朋友的手說：「我回家拿爺爺的放大鏡，你們等我，回來我們一塊兒用放大鏡看螞蟻到底有幾條腿。」

「好啊！」小朋友們紛紛表示贊成，大聲喊叫。

螞蟻被驚嚇了，有個孩子壓低聲音說：「不要大聲說話，螞蟻走啦！」

有的小朋友著急地用手擋住螞蟻；有的小朋友則用手抓，每個人用自己認為是最好的方法留住螞蟻。

不久，強強拿來了放大鏡。放大鏡在小朋友手中傳來傳去，大家爭先恐後地觀察起螞蟻到底幾條腿，還不時討論螞蟻喜歡吃什麼，下雨前螞蟻忙忙碌碌搬家會是什麼樣子……

看著兒子在小朋友中玩耍，媽媽覺得兒子的交往已經有了一個良好的開端。為了強

化兒子對群體活動的喜愛，媽媽還和幾個同樣擁有相同顧慮的媽媽商量，組成一個團隊，定期舉辦一些活動。比如幾個家庭輪流做東，舉辦家庭Party；利用寒暑假一起出去旅行；週末一起聚餐、兜風、游泳、打乒乓球、爬山等。

剛開始，強強還有點不適應，扭扭捏捏，手腳不知道往哪裡放。漸漸地，強強就愛上了這種小型家庭聚會。幾個家庭在一起的時候，強強不但能夠和幾個小朋友和睦相處，而且還能自告奮勇地表演小節目。以前，在很多同學眼裡強強是個「獨行俠」，不合群。現在，強強成了「萬人迷」，班上的每個人都願意和他一起玩耍。

現在，和強強交際狀況相仿的孩子不在少數。這一方面與現在城市的居住環境有關，鋼筋水泥的森林限制了孩子們的活動與交往。但更重要的還是家長的觀念，有的家長不願讓自己的孩子和別的孩子玩，怕學壞；有的父母當孩子稍大些，開始和別的小朋友一起玩時，父母又教孩子怎樣做才能不吃虧，並且要求孩子事事爭第一。可是，事事想爭第一的孩子因為心中惦記著第一，生怕被別人搶走，就處處防備著別人，自然就不被其他小朋友所接納，造成了孩子孤獨、內向，沒有玩伴。

讀國小五年級的時候，強強表現出了不錯的乒乓球天賦，而且成了學校乒乓球隊的冠軍選手，每年都會代表學校參加比賽。

一次月考後，媽媽為獎勵考試進步的兒子，提出帶他去體育商場買一副好的球拍，可是，兒子表情淡淡：「改日再說吧！」

本來媽媽就看出這些日子兒子一直沉默不語，每週的乒乓球訓練也不去了，以為是功課太忙。現在連他渴望了很久的球拍都提不起他的興致，媽媽覺得兒子心裡可能有事情。

媽媽把強強叫到身邊，問兒子最近發生了什麼事情，令他這麼不開心。

強強只是回答想集中精力好好讀書，以後不打乒乓球。所以，就不買球拍了。

媽媽當然明白球拍在兒子心中的分量，再看兒子那不開心的表情，私下做了一下調查。原來，最近班級裡轉來一名新同學，那位同學雖然學業成績不好，但是乒乓球打得與強強不相上下，而且活潑開朗、頗具仗義風範，一下子聚集了很多人氣，搶走強強很多風采，連一向和強強很要好的朋友都跟那名新同學很「哥兒們」。

媽媽告訴強強，你和新同學並不衝突，他也不會影響你的光芒。如果你們成為朋

友，互相團結，可以促進彼此的乒乓球技術。逃避同學，迷失的只能是自己，放棄和大家在一起也就等於放棄了進步。

孩子在生活中總會有解不開的心結，像強強的父母這樣，在仔細瞭解了孩子不能融入群體的真正原因後，傾心溝通，解開孩子心中的心結，孩子融入到群體中就不會是難事。

另外，不能讓孩子的生活太單調。有的父母看到孩子在家看書就很放心，認為這就是孩子聽話、愛學習，其實，無形中助長了孩子的自我膨脹。所以，當孩子過於聽話的時候，父母需要檢驗一下自己的孩子是否陷入了不合群的泥沼。

想要自己的孩子不孤獨、合群，家長最好從小培養孩子的集體意識。在日常生活中，密切注意孩子的行動，讓他懂得在做出任何決定時，不能僅考慮自己的利益，更要考慮到家庭的利益和家庭中其他成員的利益。

二．有話好好說，好脾氣才能有好人緣

「呵，會發脾氣了！」很多父母面對孩子扔東西、躺在地上打滾、大吼大叫等行為的時候，不免感到驚訝：小小的年紀會發脾氣了。

脾氣屬於人皆有之的正常情感。對孩子來說，實際上是正在成長的獨立意識的信號。從這個角度來看待，偶爾發脾氣要好過於沒脾氣。但是一個孩子動不動就發脾氣，控制不住自己的情緒，那麼就不是什麼好事情。

琛琛一路上和同學大談著湖人隊的戰績，回到家裡心情依然超爽。為什麼呢？這次考試連拿了三個Ａ，刷新了跨入國中校門以來最好的成績紀錄，晚上媽媽一定會獎勵一道鮮美的可口雞翅。哇！有這麼好的事情等著能不開心嗎？

跨入家門，琛琛心潮仍然難以平靜，打開電視機，調到音樂頻道，搖頭晃腦唱起了歌！「琛琛，你不好好做功課，弄那麼吵幹嘛？把電視關掉！」爸爸對著兒子的房間大聲說。

「原來爸爸在家，怎麼今天回來這麼早呢？」琛琛把聲音調低一些，推門出來，怪怪地看著爸爸：「爸爸，我的作業早做完了。您覺得聲音大，我就不唱歌了，用耳機聽

歌。」

說完，琛琛扮個鬼臉，轉頭往回走。

「站住！」爸爸對著兒子的背影大喊：「作業做完就沒事啦？就可以聽那些亂七八糟的破歌啦？你學英語了嗎？你預習明天的功課了嗎？就知道玩，一點都不知道用功。」

見琛琛一副漫不經心的樣子，爸爸更是氣了：「你這麼看著我幹什麼？都上國中了，每天的功課還要讓人操心、讓人督促，你怎麼這麼不懂事？不好好念書，以後上不了大學，能有個好工作嗎？」

「真是奇怪了，吃什麼藥了！平時不是還鼓勵我唱唱歌放鬆一下嗎？」琛琛小聲嘀咕。

接著，「碰」一聲，琛琛摔上門進了自己的房間，任憑客廳的音響大聲歌唱。這下，爸爸無語了，兒子脾氣比爸爸還大。

幸虧這時正好媽媽下班了，幫父子倆解圍，不然還不知道這對父子的戰爭要發展成什麼樣子。

媽媽先把爸爸勸回自己的房間，問明情況。媽媽說，你的工作有壓力可以理解。兒子唱歌、聽歌你覺得吵，但是，你沒有把自己心煩的事情跟兒子說，兒子也不知道啊？

爸爸覺得媽媽說得有道理，是自己的火爆脾氣傷了兒子。接著，媽媽又來到兒子的房間。

兒子把事情的原委跟媽媽講述了一遍。媽媽說：「這件事情，爸爸做得不夠好，請你原諒。這幾天爸爸面臨競爭，對方是一位很有實力的年輕人，所以壓力很大。你也應該理解一下爸爸，好孩子，去道個歉吧！」

琛琛很懂事地答應了。最令爸爸感動的是，兒子竟然說出了一句很有啟發意義的話：「爸爸，好的上司是沒有壞脾氣的。」

琛琛的媽媽一直提倡，在教育孩子的過程中，有話要好好說，孩子其實是非常講道理的。一旦孩子發了脾氣，一定要讓孩子認錯。因為這象徵著憤怒的終結，有助於孩子懂得發怒之後如何恢復正常。

有一次，琛琛不小心把同學鉛筆上的漂亮圖案給弄掉了。同學當時很生氣，劈頭蓋臉就埋怨了琛琛幾句。琛琛也生氣了，反駁同學：「不就是個圖案嗎？沒有了那個圖案你的鉛筆還能照用。」兩個人你一言我一語，要不是老師走進教室了說不定就動起手來。

冷靜下來後，琛琛覺得自己行為很不好。第二天，他幫同學買了一支同樣的鉛筆，並真誠和同學道歉：「昨天是我不好！脾氣差，我買了一支新的鉛筆，送給你吧！」

同學感受到了琛琛發自內心的誠意，很高興地收下了鉛筆，從此兩個人和好如初。

想要養育一個能夠掌控好自己脾氣的孩子，做為父母一定要明白，兩歲到四歲的孩子和青少年發脾氣是比較普遍的現象，即使是最溫順的孩子有時也會發脾氣。但是孩子經常發脾氣，則不利於培養孩子良好穩定的情緒，不利於孩子健康性格的形成。

身為父母的千萬不要無端對孩子挑毛病、找碴，把心中的不痛快和壞情緒轉嫁到孩子身上。父母是孩子最近的權威、最早的老師、最有力量的影響者，父母的性格和對待他人的態度、方式，對孩子有著很大的影響。

日常生活中，如果父母一受到外界不良刺激，就暴跳如雷，甚至無端地遷怒於孩子，就會影響孩子的正常性格，孩子的脾氣也就會變壞。

當琛琛的父親因工作的事情發脾氣時，琛琛其實是無辜的。假設一下，如果琛琛的父親處於一種事業成功的狀態，琛琛在家裡唱歌、聽音樂，琛琛的父親說不定還會和兒子一起唱歌呢！

為了養育一個好孩子，為人父母者一方面不要把自己的負面情緒帶回家，以便給孩子一種親切、和睦的氛圍。即使真的遇到情緒非常低落、心情十分鬱悶的時候，可以儘量延長在外面停留的時間，使自己的情緒安定下來；另一方面，讓孩子懂得每個人都有情緒低落、煩躁的時候，教會孩子察言觀色，見到他人心情不好，就要有意識地避開，同時要注意控制自己的情緒，時時提醒自己不要把怒氣發洩到他人身上。

當父母心情不好的時候，孩子沒有察覺出來，不妨提示孩子：「爸爸（媽媽）今天心情不好，請你儘量不要來打擾我，讓我自己安靜一會兒。」這樣，使孩子有一個心理準備，知道父母情緒不佳並不是因為自己，可以安心做自己的事情。

養育孩子就要尊重孩子。做父母的千萬不要對孩子任意妄為，在遇到不順心時就把孩子當成了「出氣筒」。這是一種以大欺小、對自己不尊重的行為，很容易讓孩子對父母產生不滿和叛逆。

三・交異性朋友，有所為有所不為

現在，校園戀愛風氣盛行，稍有不慎，悲劇頻生。鑑於戀愛現象對孩子的成長帶來的影響，有些父母只有看到男孩只跟男孩玩，女孩只跟女孩玩才放心。如果自己的孩子跟異性交往頻繁，便會憂心忡忡。

從科學成長的角度來講，同伴的交往既有同性的交往，還有異性的交往。如果違背這個規律，那麼孩子的成長很可能會出問題。

清清的父母心中，此時正壓著一塊石頭。因為昨天媽媽幫助清清收拾書桌的時候，無意中發現了一張照片。照片顯然是清清和同學一起郊遊的時候照的，有男有女！清清的父母不封建，但是眾多照片中那張女兒和一名男生的合影，卻撥動了媽媽那顆多慮的心弦。

制止還是默認？孩子的童年如果沒有和異性朋友從容往來，將來他的戀愛、婚姻都可能有問題。設想一下，如果家裡來了個男孩子，就把自己的女兒藏起來；看到女兒與男孩接觸，便問個沒完。那麼女兒一定會視異性為洪水猛獸的。從小不接觸男孩，到了戀愛結婚階段，女兒又怎麼能夠與男孩正常交往呢？可是如果放任女孩與男孩交往，也是風險重重。

當媽媽正處於兩難的時候，媽媽在報紙上看到了一篇非常震撼關於青春期女孩的故事。

故事的主角是個漂亮的女孩，女孩從小跟奶奶一起長大。爺爺、奶奶的管束極為嚴格。讀小學時，有男同學到家中來，即使是學習上名正言順的事情，奶奶也會大發脾氣，顯得十分嚴厲。

奶奶的表現在女孩的心中留下了不好的印象，女孩無形中認為與男孩子接觸是不好的事情。但是，這並未影響女孩與男生接觸。

到了國中，女孩收到一張男生偷偷放在鉛筆盒裡的電影票。女孩去了電影院，卻發現那個男生竟然不敢買和女孩同一排座位的票，兩個人就這樣坐在各自的座位上很奇怪地看了一場電影。

還有一次，女孩早晨來到學校的時候，在自己的書桌上發現了一個用美麗包裝紙包裹的球形物品。女孩打開後，發現了一張便箋，上面寫著：「我知道妳喜歡吃桃子。送給妳，很甜的。」但是女孩把桃子吃到剩下光禿禿的核也不明白桃子是誰送的，但她可以肯定不是女同學送的。

不久之後女孩離開了那所學校，回到父母身邊。女孩的父親對女孩的管束十分嚴

格，不讓女孩看電視、不讓女孩隨便走出家門，尤其不能和男同學接觸。父親的反對和女孩的反抗形成兩股強大的力量，扭曲著女孩的成長心理。

如果某天女孩晚上十點之後回家，爸爸便會把女孩推出家門。有一天晚上女孩十一點多才回到家，爸爸狠狠地打了女孩一頓，把晾衣竿都打斷了。爸爸的暴力在一定程度上達到威懾作用，但是也帶給女兒一種反叛的快感。帶著難以確定和無法名狀的迷茫、罪惡，女孩在稚氣未脫的年齡就把自己的身體給了一個老男人。

看完故事，清清的媽媽雙手都有些顫抖了。性問題不僅僅傷害的是孩子的身體，更影響孩子健全人格的建立。如果這樣的事情發生在清清身上，全家的快樂將化為風中的氣泡。

女孩的家人擔心女孩過早投入戀愛，對女孩嚴加管束，結局不但沒能管住女孩，反而加速了女孩向家長期待的反方向發展的速度。釀成這個悲劇的原因就在於女孩的家人忽略了這個年齡層的孩子正是藐視和挑戰權威的時候，越是成年人阻止的事情，孩子們越感到好奇越想嘗試。

專家指出，異性交往有助於孩子健康成長，家長不要盲目禁止和打擊。在社會化過程中，孩子需要度過第二次斷乳期，與異性交往可以避免使其產生戀父或戀母情結，並懂得異性之間需要尊重與平等。青春期的孩子面臨很多煩惱，有的來自課業，有的來自家庭，而很多家長不能充當孩子心靈的救護者，相較而言，異性之間磁場的滋養卻能在這方面發揮重要作用。

一個家庭中有兄弟姐妹，在相處過程中，孩子們學習並認同了自己的性角色，瞭解到男女有不同的生理和心理特徵。但是現在的孩子大多是獨生子女，在他們的性發育過程中，性角色認同不能在家庭中完成，只能在學校、社會中藉由與異性交往來實現。

清清的媽媽覺得，面對青春期的女兒，既不能限制其與異性交往，也不能任其隨意交往，而要告訴女兒一些異性交往的技巧和禁忌。讓她在大膽、主動的基礎上，建立良好的群體交往。

一個溫馨的週末午後，媽媽為女兒和自己各煮了一杯卡布奇諾，然後很舒服地斜倚在了寬大的沙發裡。

「清清，媽媽前些日子幫妳收拾書桌的時候，無意中看到了一些照片。」媽媽輕聲細語，擔心女兒會不高興。

「是嗎？那是我與同學郊遊的時候拍的，我照的那些照片好看嗎？」女兒顯得很興奮。

「很好看，非常可愛！」媽媽誇獎女兒。

「我們班上同學也都說我照相很有明星樣子！」女兒興奮地說。

「清清，媽媽心中有個小問號，想知道與妳合影的那個男孩是誰？」媽媽小心翼翼地問女兒。

「哦，媽媽！那是我一個很要好的『哥兒們』，也是我的超級粉絲，他崇拜我成績優秀。」清清語氣中透著驕傲。眨了一下眼，責怪媽媽說：「老媽，妳可別往別處想。」

「媽媽沒有向別處想。但是妳還是個孩子，媽媽想跟妳分享一些與男孩相處的經驗。如果妳覺得有用，妳就採納；如果妳覺得媽媽很老派，妳可以提出妳自己的觀點。」

「老媽，說說看！如果妳像我們班一些女同學的家長那樣，限制與男孩交往，我可是不同意！」清清抗議。

清清的媽媽說：「媽媽當然不會那樣，媽媽很支持妳交異性朋友。媽媽只是要妳明白，對異性同學保持一視同仁的態度，彼此關心、互相愛護、同等要求，避免與某一異性同學過多接觸，過於頻繁地與某一異性交往很容易引發過早戀愛，影響正常的工作和學習。

單獨與某一異性同學獨處，常會引起『是非』，造成非議，給自己正常的生活帶來煩惱，所以應儘量在公共場合與異性同學交往。

如果必須單獨和異性接觸，就邀請其他女伴陪同。和異性接觸的時候言行舉止要自然大方，不能過分親熱，要講究分寸，時刻記住自己是個女孩子。

男孩的宏觀思維和邏輯思維能力較強，性格剛毅、堅定、開朗。這正是女孩的弱勢，要注意向異性學習，克服自己性格上的弱點，必要的時候可以爭取男孩的幫助，以促進自己身心的全面發展和人格的完善。

總之，媽媽的原則就是既要和異性正常交往，學習他們身上的長處，又不要陷入過早戀愛的漩渦。把握好這個原則，到了該戀愛的時候就能開開心心地戀愛了。」

清清點頭，調皮地說：「我還要考大學，才不這麼早就戀愛呢！」

四・再大的變形金剛，也比不過大家在一起的快樂

孩子一天天長大，遲早會從父母的翅膀底下飛走，飛進屬於自己的圈子。為了使自己的孩子能夠在自己的圈子裡成就自己，家長需要從小培養孩子的適應能力。

對任何一個人來說，人際關係既是一種認同和歸屬，也是一種制約和束縛。如果說兒童長大成人，離開父母、家庭，成功地立足於社會，必須具有一定的獨立能力的話，那麼，在社會上要取得成功，很好地適應家庭和社會生活，保持良好的精神狀態，需要的則是協調能力。

而這兩項能力的培養，最好的方法也是最容易被忽視的方法就是把孩子放入群體中，任其磨練、鍛鍊、體會、明白。

球球居住的社區中有十幾個同年齡的男孩，每天放學回家他們都聚集一起挖戰壕、打怪獸。每個小男孩手中舉著自己心愛的武器，生龍活虎地衝啊、殺呀，一直到天黑才依依不捨地回家。

強強是這個群體中的一員。因為強強從小就喜歡把自己的東西送人，媽媽相當長的一段時間不讓強強和這些孩子玩。可是，強強長大了，如果再不進入自己的小群體，多

接觸同年齡孩子，長大了就很難擁有並適應自己的群體，想到這些，媽媽狠心把強強放了出來。

當球球來到聚集地的時候，很多小夥伴都已經到了。球球揮動著手中漂亮的小超人，大聲叫著：「兄弟們，我來了！」

強強從一個角落中轉出來，故意扭動著屁股滑稽地跑過來抱住球球，模仿電影中老大的樣子拍拍球球肩膀說：「兄弟，不錯嘛！」

一轉身，球球看到強強手中有個東西閃閃發光。

「哇塞，哇塞！」球球大叫起來。那是一個非常特別的變形金剛，它看起來像一架飛機，有紅色的星星和藍色的條紋。球球以前在商場裡見過，知道只要輕輕一碰，它就會變成一個神奇的勇士。

這個比所有小夥伴手中的變形金剛都厲害的超級變形金剛，曾讓球球夢到了好幾次，可是媽媽說過生日的時候才買給他。

「給你這個。」球球把手中的小超人塞給強強，一把抓過那個漂亮的超級變形金剛。

強強大叫：「不行，不行！我還沒玩呢！」但是其他小夥伴已經在大叫：「怪獸，大怪獸！衝呀，衝呀！」球球顧不上強強，趕緊追上他們展開了戰鬥。

等大家經歷一場戰爭歸來的時候，都累得滿頭大汗。

正商量著下一次戰鬥時，田田過來對球球說：「把變形金剛還給我，媽媽要我回去練琴。」

「哦，原來這是田田的。」球球把飛機遞給田田，說了聲謝謝，順手接過田田遞過來的閃光雷，轉身去找自己的小超人。

「大樹後面有兩個怪獸，我們分兩路去包抄！」一個小夥伴在喊。大家都衝了過去，球球從一個小夥伴那裡找到自己的小超人，像往常一樣，喊了一聲：「強強，衝呀！」

可是卻沒有見到強強的身影。

「強強，你在哪兒？」球球喊著，四下張望，只見強強正蹲在門邊哭呢！

強強越哭越委屈，忍不住跑回家。他把事情的經過跟媽媽說了一遍，看著兒子水汪汪的樣子，媽媽想到應該讓兒子自己去協調小朋友間的摩擦。

媽媽說：「明天田田拿出來的時候再玩，現在去和小朋友們再玩一會兒，再大的變形金剛也比不過大家一起玩耍時候的快樂呀！」

聽了媽媽的話，強強擦乾眼淚又回去找小朋友。可是，自己的武器都在其他小朋友手裡，自己怎麼玩呢？強強又一次哭了起來。

球球跑過去，把小超人塞到他手裡，說：「給你，拿著小超人去抓怪獸吧！」

強強看看球球遞過來的小超人還是不開心。

球球想如果強強有兩樣武器就開心了，自己可以空著手去抓怪獸的。

球球搔著頭，有了主意。他對強強說：「等著，我很快回來。」球球回到家，拿了兩把最心愛的手槍，匆匆回到聚集地。

「給你。」球球把閃光的小手槍塞到強強手中。強強低頭一看，掛著眼淚笑了。這是強強最喜歡的手槍，以前想多看幾眼球球都捨不得。

那邊小夥伴的喊聲又響起來，球球和強強揮著手槍，呼喊著，衝了過去。

面對強強這樣的孩子，媽媽的做法非常好。在遊戲中，孩子們面對面地交流，潛移默化地影響著孩子們的社會屬性和人際關係的建立，尤其鍛鍊孩子之間彼此的社會協調能力。

在「打怪獸」這個遊戲中，會體現出社會關係的雛形：有領導才能的孩子會逐漸成為遊戲中的「主帥」；善於思考的孩子可以成為「智囊」；有協調能力的孩子則成為化解矛盾的「外交家」；過於以自我為中心的孩子因為團體的壓力不得不改變錯誤的行為方式。這樣，就會使得孩子們在遊戲中學會溝通、寬容、合作、競爭及自我約束。

五．君子一言駟馬難追，說話算話是最好的交往名片

「君子一言駟馬難追。」信守諾言，不僅讓遵守諾言的人快樂、有尊嚴，也可以贏得他人的敬佩和信賴感。即使為了遵守諾言，不得不放棄一些東西，也是值得的。因為守信這種美德，能取得他人的信任、支持與幫助，獲得好人緣。

公司臨時有事，加班了半小時，當媽媽匆匆趕到學校時，宇宇的小嘴嘟得高高，不高興地嘟囔著：「媽媽，您怎麼又遲到了！」

媽媽耐心地哄宇宇：「乖兒子，媽媽今天是因為有事才來晚的。這樣吧！回家後媽媽做你最愛吃的紅燒魚。」兒子一聽立刻跳了起來，小嘴頓時咧開了。

到了家，媽媽拿出買好的魚，仔細地刮著魚鱗，兒子則在客廳裡擺弄玩具小汽車。這時，爸爸回來了。

爸爸說：「爸爸今天要去爺爺家送東西，你要不要一起去？」可是宇宇卻拒絕了。「你不是早就想讓我帶你去爺爺家玩嗎？再說爺爺、奶奶也想你。」爸爸感到很奇怪，「好不容易今天我有時間，你怎麼又不去了？」

儘管爸爸的語氣中已經帶有惱怒，宇宇還是堅定地搖了搖頭。原來，宇宇和同學約好了吃過飯一起去公園門口玩滑板。

「我約了朋友，」宇宇說，「不能說話不算數。」

聽了宇宇的解釋，爸爸向宇宇豎起了大拇指。連連誇獎：「我兒子不錯，知道孰輕孰重，我會向爺爺、奶奶解釋的。」

送爸爸走出家門，宇宇想起了另一件事情。他推開廚房的門，鄭重地告訴媽媽：「媽媽，我想起了一件很重要的事情，我和亮亮說好了，晚上六點要去公園門口玩滑板。」

媽媽漫不經心地對兒子說道：「哦，原來今晚是有約會，我看今天是去不成了，你看，這條魚還沒煮好，吃完飯已經很晚了。」

宇宇看看魚，有些著急，「媽媽，不行的，我們已經打勾勾了，誰要是不去，誰就是小狗。」

媽媽頓時哈哈大笑起來，「我兒子講信用真是令我開心。要不然這樣吧！今天就不做魚吃，吃點簡單的，這樣節省時間，以免亮亮久等。」

「好啊！」兒子表示贊同。

吃完晚飯，還不到五點半。宇宇收拾好滑板、護膝等，下樓去公園找亮亮。

「沒有尊重就沒有良好的教育」，宇宇的父母深知這個道理。當兒子對他人的承諾

與自己的安排相悖的時候，他們選擇了尊重兒子，這樣就培養了孩子的守信意識，使得孩子在以後的人生路上更加堅定地遵守自己的諾言。

其實，宇宇也不是從小就這麼懂得講信用的孩子。引領宇宇講信用始於一次與媽媽承諾關於少吃糖有獎勵的約定。

小的時候，宇宇特別喜歡吃糖。一次可以吃三、四顆糖果，牛奶糖就更不用說了，有的時候一口氣可以吃五六顆。一次、兩次沒有問題，幾次之後，宇宇開始喉嚨不舒服。

媽媽告訴宇宇：「吃糖，一天最多吃兩顆，再多牙齒就要長蛀蟲。牙疼、喉嚨疼，多難受啊！」

宇宇理解了媽媽的意思，答應一天最多不超過兩顆糖。

他雖然答應地痛快，但是實施起來，並不那麼順利了。玩著玩著，宇宇就喊著要糖吃，如果一天不吃上四、五顆糖，就會哭鬧。

為了讓宇宇能夠控制住自己，媽媽對宇宇說，如果每天信守諾言吃糖不超過兩顆，堅持兩星期媽媽就送給你一本漫畫書。如果能夠堅持一個月，媽媽就帶你去「海底世界」玩一次。當然，堅持一年並養成習慣，媽媽就會送給更好的禮物。

宇宇答應了，並且和媽媽打勾勾相約。第一天、第二天似乎很容易，可是第三天宇宇就有點堅持不下去。當他吃完兩顆纏著還要吃的時候，媽媽就會把宇宇的諾言重複一遍。宇宇便不再吵著要吃，堅持了兩星期每天都不超過兩顆糖。媽媽高興極了，連連誇獎宇宇是個信守諾言的孩子。高興地帶宇宇去書店，挑選了一本宇宇最喜歡的漫畫書。

要培養一個一諾千金的孩子，父母言而有信很重要。父母言行一致，不但能取信於孩子，而且會潛移默化地影響孩子。宇宇的父母很注重對自身的要求。他們說了便會做到，如果做不到，實現不了，儘量不向孩子許諾。這樣，宇宇也從父母身上學到了不輕易許諾、做事量力而為的品行。如果由於某種原因父母的許諾未能做到，也會即時向孩子說明情況，即時向孩子道歉。

有一次，媽媽和宇宇約好週末帶宇宇去看電影。可是，有位好友從遠方來拜訪，媽媽去會見好友。多年不見，話題頗多，一聊就是一整天，等媽媽回到家的時候，看到兒子才想起了看電影的事情。於是，媽媽很誠懇地向宇宇道歉後，答應宇宇第二天一定重新買票陪宇宇去。

第二天，母子兩個從電影院出來的時候，宇宇雀躍著對媽媽說：「媽媽，妳真是個講信用的好媽媽。」

媽媽說：「兒子，媽媽也希望你說話算數，因為這樣你才會贏得大家的信任，成為一個受大家歡迎的人！」

六・提升自己的人格魅力，不妨礙他人

不妨礙他人，就是不干涉、不干擾別人，對別人不造成傷害。不妨礙他人，也許在很多人心中不是什麼難以做到的事情。但現實情況是，我們的生活常常被他人妨礙：嗆鼻的煙霧、隨處可見的喧嘩、踩爛的草坪、腐爛的垃圾、在公共場所不斷地擠來擠去，無一不帶給人不方便。

不妨礙他人取決於一個人嚴格的自律和高度的自覺性，是一個人自我約束能力的體現。

如果從孩子小的時候開始培養，他做事的時候就會首先考慮自己的行為是否會對他人造成影響、帶來不便。只要心中擁有了不妨礙他人的意識，那麼孩子長大後言行舉止就能適度適當，便更容易被他人喜歡和接受。

晶晶和媽媽一起去超市購物，從超市出來的時候，晶晶很自然地把購物車推到了原處。媽媽看到女兒的舉動，非常欣慰。這時，只見不遠處的一對年輕夫妻正在對兒子說著什麼。

原來，一家三口購物後，父親請兒子把手推車推回原處，兒子卻說，大家都沒有這

麼做，憑什麼我要這樣做？再說，那裡不是有工作人員嗎？

父親說，外面的工作人員是保全人員。如果大家都自動自發地把購物車推回去，保全人員就可以集中精力堅守崗位。當顧客的人身和財務安全受到危害的時候，保全人員才能在第一時間做出反應，顧客的購物安全更能得到保障。再說，這麼多隨處擺放、亂糟糟的購物車，大家行動起來也不方便。

父親耐心地教導著兒子。當看到晶晶後，對兒子說：「你看，那個女孩做得多好！」晶晶媽媽明白，雖然父親已經苦口婆心，但是很顯然男孩對於父親的教導沒有放在心上。

不妨礙他人，說起來容易做起來實屬不易，晶晶的媽媽最瞭解這個過程的艱辛。

晶晶三歲左右的時候，特別頑皮。每次大人午睡或者累了躺一會兒，她卻大吼大鬧，總之，就是讓人睡不成覺。那天，爸爸因為晚上加班，第二天上午回到家裡睏得已經睜不開眼睛了。媽媽把晶晶帶到客廳裡，讓爸爸安心睡覺。

恰巧那天爺爺、奶奶出門。到了中午，媽媽去做飯，囑咐晶晶坐在沙發上好好玩。可是，當媽媽從廚房裡出來，卻發現晶晶正站在臥室的床上，用小拳頭捶爸爸的後背，邊捶嘴裡還邊嘟噥：「跟我玩！」

媽媽趕忙把晶晶抱起來，誰知晶晶大哭起來。晶晶是家中的寶貝，一向是想跟誰玩

誰就得陪著。這次，要求得不到滿足，反應很強烈，歇斯底里地哭了起來。

媽媽把臥室門鎖上，並把鑰匙拔了出來，用力把晶晶放在了沙發上。媽媽對晶晶說：「妳不是個聽話的孩子。爸爸上班累了，需要休息。如果妳是好孩子，就自己玩，不去妨礙爸爸。」說完媽媽走進廚房炒菜。

晶晶依然大哭。雖然媽媽看起來置之不理，但是耳朵仔細留意著晶晶的變化。隨著晶晶的哭聲越來越小，媽媽明白，哭累了她自然就不哭了。等媽媽炒好菜，叫爸爸吃飯的時候，晶晶正坐在沙發上玩布娃娃。

爸爸抱起晶晶來到餐桌前，晶晶顯然已經渴望媽媽來關照她吃飯，一雙眼睛不停地在媽媽臉上飄來飄去。媽媽故意不理她，只顧自己吃飯。這下，晶晶害怕了，以為媽媽可能永遠不理她了。

「哇」地一聲，晶晶又大哭起來。

怎麼也不讓爸爸抱她，媽媽只好放下碗，把晶晶抱在懷裡。

等晶晶不哭的時候，媽媽問晶晶：「以後家人睡覺，妳還鬧不鬧？」

晶晶說：「我聽媽媽的話，到客廳玩。」

媽媽親一下女兒說：「這才是聽話的好孩子。」

任何一個孩子好習慣的養成，都離不開家長的指導與教育。但是，教育方法不好或者教育力度不夠，都會影響孩子養成好習慣。

那天，從幼稚園回來，晶晶一個人坐在沙發上邊吃冰淇淋邊看電視。奶奶拎著菜籃子回來後，累了，便坐在了沙發上休息。奶奶神經衰弱，累了或者休息不夠就會煩，尤其怕吵。

媽媽走過來告訴晶晶：「奶奶年紀大了，怕吵。奶奶在家的時候，大家要儘量少發出聲音，讓奶奶安靜地休息。不然的話，奶奶就會生病了。」

從那以後，她做事總是很小心，每次起床時動作都特別輕，怕吵醒了熟睡的奶奶；即便關門聲音都是輕輕的，只要奶奶在家，她看電視的音量都特別小，為的是怕奶奶心煩。有的時候父母忽略了這個問題，晶晶還會伸出食指放在嘴邊，小聲提醒大家。

7

會說話的父母精於啟迪，
培養孩子受益一生的素質

優秀的素質是人生成功的第一保證。把握機會，正確發問、引導、訓誡，讓孩子從所見、所聞、所遇、所為的事情中形成正確的觀念，孩子就能養成良好的素質。

一．眼淚不是萬能武器，哭不來想要的東西

在媽媽眼裡，達達一直是個聽話的孩子。即便是襁褓中的時候，達達也沒有像其他孩子那樣撕心裂肺般地哭泣過。所以，在媽媽眼中自己的寶貝長大了也會善解人意。可是，隨著達達一天天長大，哭聲卻頻繁起來。達達的媽媽不免自嘲：「我兒子越長越小！」

三歲半的時候，達達和媽媽去商場看上了一套想要的玩具，媽媽沒買給他，達達就在商場裡哭了起來；達達喝水，不小心把水杯弄倒，水灑到了沙發上，家人還沒有責罵他，他自己就哭了。

昨天晚上，媽媽和達達商量好了只看二十分鐘《機器貓》，可是時間到了達達就是不肯去睡覺，坐在電視前面掉眼淚，媽媽無奈，只得允許他再多看一會，結果，第二天早晨沒能按時起床，上學遲到了。

這下，達達的媽媽意識到了問題的嚴重。看來，自己的兒子是把眼淚當成了威脅父母的有力武器，他想用「掉眼淚」向媽媽示威以換取媽媽的妥協，達到自己的目的。如果兒子每次使出眼淚這個殺手鐧自己都就範，那麼自己可真就是被孩子牽著鼻子走了。

孩子想怎麼樣就怎麼樣，那還談什麼教育呀？

現實生活中，被孩子的眼淚俘虜的家長一定不會想到，當孩子第一次無意識地用哭泣來達到自己的某個目的的時候，比如得到某個玩具、逃避某種懲罰、讓父母帶著去公園玩耍時，如果父母迫於孩子的哭泣而答應了他們的要求，就等於間接地告訴了孩子——父母最害怕自己哭泣，只要自己哭泣父母就會妥協，自己的願望就能得到實現。

更進一步分析，父母的妥協無形中間接地鼓勵了孩子，使其領悟到，可以用哭泣做為武器來使自己的要求得到滿足。久而久之，哭泣就成為了孩子的「法寶」。

當然，並不是每一個孩子的哭泣都是對父母的威脅和抗議，有的時候是由於孩子真的感到痛苦。如果因為一點不如意就哭泣，這樣的孩子天性懦弱，不利於自信和堅強個性的養成。面對哭哭啼啼的孩子，父母千萬不要太嬌慣，也不要手足無措，心煩意亂。最好是板起面孔，像對待工作中的問題一樣嚴肅地問孩子：「你怎麼了？」

一次，達達開著自己的四輪小汽車在社區的空地上開來開去，爸爸一邊跟鄰居說話，一邊陪伴著達達。開著開著，達達突然哭了起來。

爸爸走過去，沒問就猜出個八九分，可能是小汽車的剎車不靈了。但是爸爸沒有直接問，而是看著兒子的眼睛說：「怎麼回事？你說出來，不要哭！」聽了爸爸的話，達達說：「我剎不住車，剛才差點撞到花壇上。」爸爸說：「這是汽車的剎車出了問

題，走，開回家，爸爸幫你修修！」兒子不哭了，調轉車頭和爸爸回家修車去了。

生活經驗的不足導致孩子帶有本能性地選擇用哭聲表達自己當前的不如意狀態，因而，當孩子的哭聲傳來的時候，很多家長的第一反應就是孩子遇到了麻煩。至於如何幫助孩子解決麻煩，有的家長處理得好，有的家長則就相差甚遠。

一聽見孩子的哭聲就緊張兮兮的家長看不得孩子的悲傷，害怕自己的孩子受一丁點委屈。還沒弄清楚怎麼回事，就許願、承諾。總之，只要孩子不哭做什麼都可以。殊不知，對於有委屈的孩子，就是帶他上月球他也不感興趣。

對待孩子的哭聲，就像醫生對待病人，對症下藥最有效。當孩子不明原因哭泣的時候，父母最好先讓他停止哭泣，鼓勵他把問題說出來。然後幫助孩子解決遇到的麻煩。

這樣，在解決問題的同時，也是促進孩子長大。使孩子逐漸明白，遇到問題要自己想辦法，哭泣是解決不了問題的。

有一次，達達去廁所，好長時間都沒有出來。爸爸納悶，走到廁所門口，敲敲門，問：「達達，怎麼還沒出來呢？」達達打開門，對爸爸說：「爸爸，馬桶的蓋子掉了，我在想辦法怎麼修理。」爸爸高興地對兒子說：「來，爸爸幫你！」在父子倆的共同努力下，馬桶蓋子被裝上了。爸爸很欣慰，兒子遇到困難並沒有被嚇哭，也沒有放任不管，而是積極想辦法來解決問題。當一個孩子具備了這樣一種做事的態度，說明孩子懂事了。

當然，孩子畢竟是孩子，面對孩子無助時的哭泣，有的時候需要家長的安慰和鼓勵。家長的一聲問候、一個擁抱會是孩子強而有力的精神支柱。

達達放學後，什麼話都沒有說就用手攬住了媽媽的腰，把臉埋到媽媽的身體裡，嗚嗚地哭了起來。媽媽猜測，兒子可能遇到什麼傷心的事情了。覺得應該讓孩子好好發洩一下，於是就任憑達達哭得痛快淋漓。

過了好一會兒，見到達達平靜了，媽媽輕輕地撫摸著兒子的頭，拍拍他稚嫩的肩膀說：「孩子，怎麼這麼傷心啊？發生了什麼事情，對媽媽說說，媽媽和你一起想辦法。」

達達抬起頭，仰望著媽媽說：「媽媽，對不起，我數學考試沒有及格。我很難過，擔心您更難過。又不知道怎麼跟您說，就更難過了。」

媽媽考慮到事實已經是這樣了，而且孩子已經很難過了，再教訓孩子已經沒有意義了，當下最重要的是幫助孩子把成績提高上來。

媽媽幫助兒子擦乾眼淚，說：「別哭，孩子，哭也沒有辦法把成績提升上去，我們一起看看試卷，找一下成績差的原因吧！」

於是，媽媽幫助兒子一道題一道題的尋找錯誤的原因，最後總結出成績差是做題的時候比較粗心，相似的知識點不注意分辨和思考，很輕率地就給出了錯誤的判斷。達達也認可自己在這方面的缺陷，下定決心在學習過程中仔細改過。

從達達身上可以看出，在孩子成長的路上，哭泣不是小事情。當孩子哭泣的時候，做為父母不但要分辨出孩子哭泣的原因，還要根據情況做出巧妙的處理。既不能向孩子的哭聲妥協，也不能無視孩子的哭聲任孩子把痛苦埋在心底衍生為成長的障礙。

會說話的父母精於啟迪，使孩子明白哭泣是軟弱的表現，想要得到渴望的東西，大膽表達出來或者動腦筋想辦法才是最好的方式。

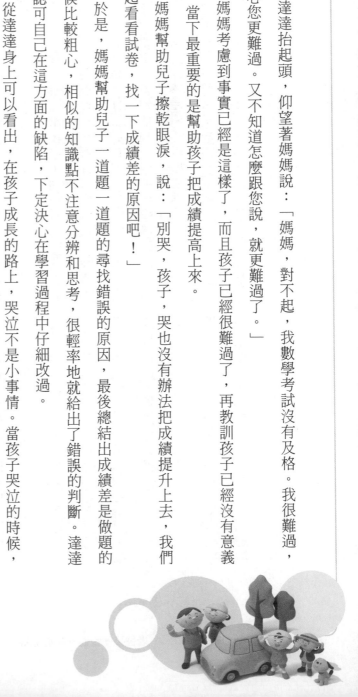

二・大聲說「謝謝」，永懷一顆感恩的心

如果在一個家庭裡，孩子是中心，一家幾口人都圍著孩子轉，那麼，在孩子眼裡他就是高高在上的主宰，其他成員就是他理所當然的「奴婢」。無論家長多麼辛苦，孩子的心中都不會有感恩，也自然不會說「謝謝」。

有人說，教育孩子最重要的兩個字是：「謝謝」，不會說謝謝的孩子，人生不易成功。這是因為，能夠心存感激，經常說「謝謝」的孩子情商更高，更容易贏得他人的尊重。

媽媽帶著琪琪去公園玩耍，琪琪從溜滑梯上滑下來的時候，用力過猛，摔在了溜滑梯底部。這時，站在旁邊的一位老爺爺把她抱了起來。媽媽急忙趕過來向老人家道謝，並要求琪琪謝謝爺爺。可是，琪琪瞪著大大的眼睛，較勁一般不肯說出這兩個字，被媽媽逼急了，還張開嘴大哭了起來。看著女兒這麼沒出息，媽媽臉上很沒面子。

這件事情過去很久後，琪琪的媽媽仍然如鯁在喉般不自在。自己的孩子怎麼會這麼沒有禮貌？怎麼就對他人的幫助視而不見呢？小的時候不懂感恩，長大了自然不懂得尊重他人，那就更奢談幫助他人、奉獻愛心了。

琪琪的媽媽開始透過日常的訓練和學習來培養琪琪的感恩素質。每天晚上睡覺前，媽媽會幫琪琪鋪好床褥，主動和琪琪說一聲晚安，同時也要琪琪說一句晚安。睡了一夜好覺，第二天早晨，媽媽要琪琪說聲謝謝，為什麼謝，為的是感謝媽媽為琪琪準備了那麼舒服的床褥。

剛開始琪琪好像並不完全理解這其中的感恩成分。隨著媽媽在日常生活中灌輸次數的增加，琪琪看到餐桌上可口的早點，會說聲「謝謝媽媽」；琪琪看到媽媽幫自己洗衣服，也會說聲「謝謝媽媽」；每逢親友送給琪琪小禮物，琪琪也會說聲謝謝。

媽媽覺得，越是能發現並感謝他人對自己微小的幫助，越體現了琪琪感恩心理的確立和發展，以及琪琪對於感恩的理解和領悟。

慢慢的，琪琪不但在家裡適時表達感謝，在學校裡也顯得很有禮貌。老師幫助琪琪解答疑問，琪琪也會說聲「謝謝」；課間活動，有同學幫忙撿球，琪琪也會微笑著說聲「謝謝」。這一切，使得琪琪在同學中的人緣非常好。

為了塑造孩子的感恩情懷，琪琪的媽媽在網上為琪琪申請了網頁，製作了成長檔案，採用影像、照片、文字交相搭配的形式，在上面紀錄了琪琪成長的點點滴滴，既有媽媽照顧琪琪的艱辛和快樂，也有琪琪成長過程中給媽媽帶來的甜蜜和驚喜。

有一段時間，琪琪對自己的生命由來非常好奇，總是追著媽媽問：「媽媽，我是從

哪裡來的？是從垃圾堆裡撿來的嗎？還是從超市裡買回來的？」媽媽告訴琪琪：「妳是由爸爸媽媽創造的，爸爸和媽媽認識以後，開始戀愛，結婚後住進一個房子，當他們決定生一個小寶寶時，爸爸便把一顆種子種到媽媽的肚子裡，那顆種子在媽媽肚子裡像一棵小樹一樣慢慢長大，長大到媽媽的肚子放不下時就開始尋找出口，這個出口就長在媽媽身上，就是生命的通道，透過生命的通道孩子就從媽媽的的身體裡出來了。」

媽媽對琪琪說，當妳在媽媽肚子裡的時候，爸爸帶媽媽去醫院例行檢查，看你是否生長發育得很好。乘電梯的時候，由於人較多，媽媽挺著大大的肚子，行動很不方便，看電梯的阿姨一時疏忽，媽媽沒有完全進來就把電梯關了，一下子把媽媽的胳膊擠在了電梯外面。當時一電梯的人嚇得臉都白了，看電梯的阿姨心中充滿了歉意，不斷向媽媽道歉。事情過去一週，還打過電話來詢問是否平安。

琪琪從媽媽的講述中瞭解到媽媽十月懷胎的付出和艱辛，體會到那份骨肉至親的濃濃深情，以及人們對生命的崇敬和關照，從此更加懂事了。

懂得適當時候說出「謝謝」，媽媽覺得還不夠。在媽媽的教育目標中，還要培養起琪琪的回報心理。也許有的父母在孩子面前已經習慣了付出，而從不奢望回報。這種養育過程中的無私情懷，不但使得父母從沒有體會過孩子的關心和幫助帶來的生活快樂，也使得很多孩子陷入了感恩不懂回報的錯誤觀念。

那天，烈日炎炎，媽媽給琪琪買回琪琪最愛喝的優酪乳，琪琪一邊親熱地對媽媽說著謝謝，一邊自己拿了一瓶喝光。然後她把剩下的幾瓶放進了冰箱，邊放邊說：「睡覺前我再喝一瓶，剩下的以後喝。」

正在換衣服的媽媽，回頭打量著女兒的行為，心裡很不是滋味，孩子怎麼就不知道讓自己也喝一瓶呢？媽媽鼻子一酸，不由得想起了在美國社會流行的一種說法：「養個孩子還不如去養條德國短毛獵犬。」

晚上，琪琪打開冰箱取出一瓶優酪乳，準備一邊看電視一邊喝。媽媽見了，對琪琪說：「琪琪，幫媽媽也倒一杯，媽媽也想喝。」

琪琪臉上露出了從未有過的複雜神情，詫異中充滿了懷疑。愣了一會兒後，才磨磨蹭蹭地把一杯優酪乳送到了媽媽手裡。

琪琪問：「媽媽，妳也喜歡喝優酪乳嗎？」「是啊，以後妳喝優酪乳的時候別忘了順手幫媽媽也倒一杯。」琪琪痛快地答應了。不久，琪琪養成了一種習慣。每當喝優酪

乳的時候，都要先問一句：「媽媽，妳現在想喝優酪乳嗎？」如果媽媽說想喝，琪琪就會高高興興地多倒一杯，如果琪琪想喝媽媽不想喝，琪琪就會說：「我和妳一起喝怎麼樣？」

媽媽每天都有意識地鍛鍊琪琪。累了的時候，就讓琪琪幫自己捶捶背或泡杯茶；做家事的時候，就會讓琪琪掃掃地、洗洗碗。媽媽還會不時把身邊親人對琪琪做的事情複述一遍，以加深琪琪對愛的記憶，形成一個充滿感恩與愛的心靈空間。

現在的琪琪，走到哪裡都被大家喜歡，儼然一個「萬人迷」。做為一個母親，如果適時在孩子心中種下感恩的種子，孩子就會遊刃有餘於人生的每一寸時光。

三・世界很大，人外有人，天外有天

當取得優異的成績或者PK後獲取勝利的時候，很多人就會飄飄然起來。特別是那些自我意識、自我評價能力剛剛形成的孩子，就更容易產生驕傲自滿的情緒。例如，當孩子取得優異的成績時，聽到他人的讚譽，就會認為自己很優秀。於是，行為就發生了變化，脖子揚得高高的，說話聲音大大的，動不動就對別人頤指氣指，總是停留在曾經的輝煌中。

奇奇從三、四歲就表現出了過人的數學天賦。有一次，家裡來了客人，媽媽問奇奇：「現在果盤裡一共有六個蘋果，家裡來了三位客人，如果每位客人一個蘋果，果盤裡還能剩下幾個蘋果？」

媽媽的這個問題雖然小兒科，但是她覺得三歲的兒子不一定能夠準確回答出來。誰知，奇奇搖晃著大腦袋想了想，對媽媽說：「三個，還剩下三個蘋果！」

客人紛紛伸出大拇指誇獎奇奇。這時，家裡又來了一位客人，媽媽眼睛一閃，指著新來的阿姨問：「現在，家裡又來了一位阿姨，這位阿姨再吃一個蘋果，還剩下幾個蘋果呢？」

奇奇立即說：「還剩下兩個蘋果。」

雖然只是一次帶有玩笑性的測試，但是兒子的表現在媽媽的心中留下了「我兒子可能有數學天賦的印痕」，於是，讀到國小的時候，媽媽為了進一步開發奇奇的數學天賦，就為他報名參加奧林匹克數學班。

奇奇很用功，課堂上、課堂下都下足了工夫。第一次月考，奇奇考了全班第一名，並且在接下來的幾次月考中，都是全班第一。

大概是覺著自己第一的地位已經穩固，奇奇的言行舉止間頗有「數學王子」的味道。有一天，一位小朋友來奇奇家做功課，寫著寫著兩人為了一道題吵得難解難分，奇奇提高了聲音：「我是奧林匹克數學班的第一名，這點小問題還會弄錯！」那個小朋友似乎被奇奇的氣勢嚇唬住了，不出聲了。

媽媽聽出自己的兒子言語中的不屑，等小朋友走後，媽媽讓奇奇拿出作業簿，一起分析兩個人爭執過的那道題，最後得出結論，那個小朋友的答案是正確的，奇奇的答案則是錯誤的。

這下，奇奇沉默了，眼裡流露出失落的神情，還輕輕嘆了口氣。

奇奇的表現引起了媽媽的思考。對一名學生來講，解決了一個課業問題，本該高興才對，為什麼奇奇卻顯得很沮喪？媽媽想到，兒子對於自己數學的名次和權威性的看重，已經超過了解決了課業困難，獲得新的知識後的快樂與滿足。

媽媽從來都沒有想過要自己的兒子在數學的學習上始終保持第一，奧林匹克數學的學習完全是出於興趣發展需要，而不是為了升學、特長等其他目的。

媽媽始終認為，成績第一不一定是前途最好的，而始終保持成績的第一也是件很辛苦的事，有的時候還可能影響孩子的心態發展。

於是，媽媽對奇奇說：「兒子，放輕鬆一點，人外有人，天外有天。一個人在這方面取得了第一，換一個領域就不見得是第一了。所以，只要努力就好了。另外，即使在某一方面很了不起，但是並不等於自己就高高在其他人之上了。一切都是不斷變化的，每個人都有了不起的機會。」

這下，奇奇的心態放平穩了，做起事情來，顯得不再那麼浮躁。

應該讓孩子既自信又有自知之明，不能讓其產生自高自大或者盲從的不良心態。這就要求家長首先對自己的孩子有深入的瞭解。有時孩子在某方面有了一點小小的進步，有些家長就驕傲的不得了，巴不得全世界的人都知道，都來誇自己的孩子有出息，所以經常高估了自己孩子的能力，給予孩子過高的評價，不僅不對孩子刻意表現的行為予以糾正，反而還拼命地鼓動他，這樣孩子難免會產生「老子天下第一，誰都不如我」的幻覺，擺不正自己的位置。長此以往，很難再有大的進步。

因此，當孩子露出驕傲的「苗頭」時，家長一定要引以注意。要想盡辦法讓孩子認識到驕傲的害處，培養孩子養成謙虛的美德。

眾所周知，經常表揚孩子好的行為，有利於他的健康成長。但父母們需要注意的是，表揚也是一門藝術，正確的表揚可以起到積極的作用；而錯誤的表揚，卻會讓孩子滋長驕傲情緒。

現代家庭中，由於受到特殊環境的影響，獨生子女非常容易產生驕傲自滿情緒。驕傲自滿的孩子往往以高人一等的態度對待他人，不屑與別人交往，這會使孩子心胸變得狹窄。那麼，對於孩子這種驕傲自滿的情緒，做為父母應怎樣加以「根治」呢？

首先，要認識到孩子為什麼會驕傲自滿。孩子產生驕傲心理往往源於自己的某方面特長和優勢，家長應該先幫孩子分析這種驕傲的基礎：是學業成績比較好、有某方面的藝術潛質，還是有其他方面的天賦。家長要讓孩子認識到這種優勢只不過限定在一個很小的範圍內，放在一個更大範圍就會失去這種優勢；正確的態度應該是積極進取，而不是驕傲懈怠。

當孩子取得了一定的成績，家長在表揚的同時也要告訴他：「這是你自己努力的結果，但是不要忘記，這也包含著家長的培養、老師的教誨和同學的幫助。」

其次，耐心教導，讓孩子學會正確地評價自己。既要認識到自己的優點，又要看到自己的不足。父母要努力做到：規範孩子的行為，督促孩子改正驕傲自滿的壞毛病；平時加以訓練和指導，使孩子養成良好的行為習慣，多發現他人的優點、長處，虛心向他人學習；用具體的事例讓孩子知道「人外有人，天外有天」的道理，知道世界上總是會有比自己更優秀的人存在，切不可因為取得一點成績就沾沾自喜、盲目自傲。教育孩子要懂得人各有長短。即使是最卑微、最弱小的人，也有其他人所不及的地方，同樣，再強大的人也都有他自己的弱點，不可用自己的長處與他人的短處比較。

最後，不要給孩子過多的物質獎勵。要讓孩子明白，好條件是父母創造的，自己和他人一樣，沒有什麼特別的地方。

另外，父母也要正確評價自己的孩子，不要覺得自己的孩子很優秀，當著孩子的面逢人就誇，這樣做不是激勵孩子，而是滿足了父母的虛榮心，並且影響了孩子的心理健康發展，孩子會認為自己就是最優秀的，導致孩子看不起別人，狂妄自大。

巴甫洛夫說：「絕不要陷於驕傲。因為一驕傲，你們就會在應該同意的場合固執起來；因為一驕傲，你們就會拒絕別人的忠告和友誼的幫助；因為一驕傲，你們就會喪失客觀方面的準繩。」一人一驕傲起來，那麼等著他的，必然是脫離實際、背離真理，挫折和失敗的厄運就將接踵而至了！

四・不積跬步無以致千里，腳踏實地更易成功

當面對身邊事業有成的「大人物」時，細心的人常常會聽到這樣的喟嘆：「他當年只是一個賣早點的，現在發了，經營著一家星級酒店！」、「他當年推著小車賣燒餅，如今經營著自己的糕點廠！」、「看他現在多風光，當年去建築工地打工的時候褲子上還滿是補丁。」……

能夠說出上面這番話的人，大都有了一定的生活經歷。人生的閱歷使他們明白，很多「大人物」都是從當年的「小人物」成長起來的。換句話說，很多成大事的人，當年和自己一樣做著小事，只是他們多了一份腳踏實地的進取，才有了今天的輝煌。

這個並非生而知之的道理，很多人大多是到了一定年紀才能感悟到，而這時已經韶華遲暮了。為了不讓相同的遺憾延續到下一代，聰明的家長在自己孩子小的時候就開始注重培養孩子的踏實作風了。

安安是個非常頑皮的小男孩，媽媽戲稱其為一隻「小猴子」，上竄下跳，一刻也不得安寧。每次寫作業，都要家長苦口婆心地勸說、督促。即便做作業的時候，也是邊寫邊玩。

那天，當媽媽看到兒子捧回家的試卷，面對一片狼藉的卷面，媽媽嚇呆了。整張試卷，總體來看，寫上答案的不到三分之一，就像懶漢種的田一樣缺苗少壟。

媽媽仔細分析了一下卷面，很多簡單題錯了，難題倒是答得很正確。很明顯，安安不是腦筋笨，而是對待學習的態度不夠認真。長此下去，無論做什麼事情安安都將是一副滿不在乎的態度，做事帶有不負責任的心理傾向，自然難以把事情做好。

媽媽越想越怕，決定從這張失敗的試卷開始入手，培養兒子認真學習、認真做事的態度。

打開試卷，媽媽一道題一道題地陪伴兒子改正。媽媽先讓兒子找到解答錯誤的題目，然後讓兒子把正確的答案寫上，寫上後在自己的練習本上練習幾遍。最後，媽媽給他製作成試卷上面的形式，讓他重新解答一遍。

如果重新解答還寫錯，媽媽就讓他按照上面的方法再重新來一遍。一遍一遍直到能做出正確答案為止。

散漫慣了的安安剛開始有點不習慣這種嚴肅的學習過程，無法集中注意力，嘻嘻笑鬧，在媽媽不苟言笑一遍又一遍的鐵面督促下，逐漸變得乖巧起來。當會做的題越來越多的時候，安安感受到了學習的樂趣，學得逐漸用心了起來。大約花了一週的時間，整張試卷安安都能準確無誤地解答出來。

為了使兒子認識到踏實做事的重要性，媽媽給安安講述了安安表哥建偉創業的故事：

建偉讀完大學後，決定自主創業。但是卻遭到了家人的反對，原因是建偉太年輕，一無經驗，二無資金，三無人脈，四無客源，家人覺得在這種四無情況下創業必將失敗。

建偉卻不這麼想，他覺得年輕就是本錢，跌倒了還能重頭再來，而且最為重要的是他覺得自己已經長大，要承擔發跡的重擔。而自主創業較之找一份普通的工作，前途將會更加廣闊。

但是開一間經營電腦及其耗材、配件的店鋪，需要的資金絕非一個工薪家庭所能承擔的。面對孩子的執著，家人考慮再三，對他說：「你自己去籌資金，能籌到啟動資金，你就開店吧！」

建偉滿口答應，早起晚睡，親自展開市場調查，總結出了一份十分客觀的市場可行性報告。為了向親戚、朋友籌措資金容易些，建偉帶上了自己的市場調查報告。但是沒有一個人相信建偉的能力，奔波多日，建偉也沒有借到錢。親戚、朋友都反對建偉創業，他們都無法理解孩子的內心所想，甚至認為他是好高騖遠不願腳踏實地。

建偉沒有退縮，依然堅定地對家人說：「我一定要把自己的店鋪開起來。爸爸、媽媽，你們幫幫我，我一定把生意做好賺到錢。」

這下，建偉的父母相信兒子是真心誠意想創一番事業，他們決定全力支持他。父母想辦法幫助他籌措了一筆資金，並為他找到了店面，剩下的裝修、各種營業執照、進貨一系列的事情都是建偉自己操持。建偉不顧勞累東奔西跑，一件一件落實，很快就把所有事情辦完，全鎮第一家電子商行在劈裡啪啦的鞭炮聲中剪綵營業了。

由於建偉懂得電腦的維修與安裝，能夠為很多鄉村的「電腦盲」提供上門服務，加上誠信經營，價格公道，深受當地百姓的信賴。很快，生意就上了軌道。建偉每天早出晚歸，全心投入商店的工作，沒有例假日，也沒有雙休日，以良好的服務態度和可靠的商品品質贏得了客戶，現在店鋪儼然已經成為回頭客聚會的溫馨沙龍。

與此同時，建偉還刻苦鑽研經營管理學，在專業的市場管理方法指引下，建偉的生意緊跟電子市場前沿，很快被好幾家大公司選為自己產品的代理商，營業面積從原來的七、八坪擴大到七十幾坪，規模翻了將近十倍，每年收入達到數百萬元。

媽媽對安安說：「你建偉表哥現在已經建立了自己的事業。與身邊的同年齡人相比，可謂成功者。這些都得益於當年他認準目標，不怕辛苦，腳踏實地的奮鬥。」

安安羨慕地說：「媽媽，我長大了也要像表哥一樣有出息！」

媽媽說：「好啊！但是你要從現在開始認真讀書！要知道，建偉哥曾經是學校裡

的高材生。」

安安高興地說：「我一定好好讀書，不貪玩。」

安安的回答讓媽媽開心不已，但是，媽媽對這個頑劣慣了的兒子仍然有些不放心。每次放學後都偷偷觀察兒子，連續一週，媽媽發現，他都會主動的將老師規定的作業完成，而不需要媽媽的督促。

最近，媽媽還從安安身上發現了一個驚人的現象：一旦孩子開始腳踏實地學習，就會產生一系列的連鎖效應，使孩子的成長更加迅速。

安安的各科學習中，現在寫作能力還稍稍顯得落後。當媽媽正在思考著怎麼做的時候，安安自己主動從學校圖書館借回來不少少兒版中外名著，每天完成作業後都會閱讀一段時間。隨著閱讀面越來越寬，安安的作文水準提高了不少。看著安安隨手寫的文章，有的時候連媽媽都被感動呢！

那天，兒子在讀《馬說》的譯文，邊讀還邊感嘆。媽媽問兒子怎麼了，安安的回答簡直讓媽媽喜出望外：「千里之行始於足下，只要認準了目標邁開了步伐堅定地走下去，一定能夠到達理想的終點。我覺得這句話說得非常好。」

五．常懷善心，一毫之善也能暖意盎然

日本教育家小林宗作先生說：「無論哪個孩子，當他出世的時候，都具有著善良的素質。在他成長的過程中，會受到很多影響，有來自周圍環境的，也有來自成年人的影響，這些素質可能會受到損害。」

父母是孩子行為的矯正器，當孩子的行為與善良的品德相悖時，及早剔除惡的滋生與蔓延，在孩子的心中播撒「愛他人」的種子，這樣孩子的內心就會越充盈，幸福感就會越強，就會獲得更多他人的愛。

孩子的心很脆嫩，有時朋友間不經意的一句話就可能成為刺傷心靈的利劍。

一天，聽聽放學回家，一邊迫不及待地放下書包，一邊撲到媽媽懷裡甜蜜地說：「媽媽，明天班上舉行生日宴會，凡是這個月過生日的同學都可以參加，這還是我第一次過集體生日，感覺好興奮！」

「是嗎？祝我的寶貝過一個有意義的生日。」說完，媽媽就開始為女兒製作果品和小禮物。

第二天，聽聽帶上媽媽給準備的禮品，興高采烈地去學校了。雖然為女兒準備禮品

累得媽媽腰痠背痛，但是媽媽依然為自己女兒能夠有這樣一次非比尋常的生日感到快慰。

臨近午後的時候，聰聰回來了。誰知，這個快樂的小公主臉上並沒有掛著慣常的快樂笑容，她把收到的禮物往沙發上一甩，就進了廁所。

「是不是在宴會上發生不愉快的事情了？」媽媽想到這裡就坐在沙發上等女兒。伴著嘩嘩的流水聲，女兒出來了，小臉上明顯有淚痕。

「生日過得很開心嗎？寶貝。」媽媽把九歲的女兒抱在懷裡說。

「一點都不開心，討厭死了，我恨死美美了！我以後再也不跟這個不善良的人交朋友了！」

媽媽疑惑了，美美可是聰聰最要好的同學。

原來，宴會上有一個節目，老師給過生日的同學每個人發了一張賀卡。要求同學在賀卡上寫上祝福的詞語後，再交回老師那裡。老師把收回的賀卡放在一起，要求每個過生日的同學從中抽取一張。聰聰抽取的正好是美美寫的，聰聰迫不及待地打開，一行小字映入眼簾：祝小獸星生日快樂！當時，聰聰就把賀卡翻轉了過去。

說完，聰聰對媽媽說：「看到那幾個字，我的快樂立刻消失得無影無蹤。」

看到女兒不開心的樣子，媽媽也覺得美美這個玩笑開得有點過分，但是又不能這樣對女兒說。

媽媽摟過女兒說：「美美只是頑皮一點，沒有掌握好開玩笑的場合，並不是不夠善良，更不是有意傷害妳。如果妳覺得她的玩笑開得過分，可以私底下跟她說，美美是個懂事的孩子，相信她會理解妳的。」

善待起源於良好的生活心態。教育家蘇霍姆林斯基說：「一個人應該在童年就上完情感的學校——進行善良情感教育的學校。」聽聽的媽媽在這方面做得很好，懂得自己處理事情的態度會直接影響到孩子，自己善良的舉措是對孩子善良心性的最好指引。

盧梭認為：「當兒童只意識到他自身時，他的行為並無道德意義；只有在他的意識擴及自身以外時，他才第一步形成善惡的情操，第二步形成善惡的觀念。這兩者便真正使他成為人，成為人類中善與人處的一分子。」只有這樣，「善良的人可以憑他的美德而感到驕傲。」

聽聽雖然不能完全理解媽媽的說法，但是還是遵照媽媽的建議，在星期天把美美請到家中。

媽媽準備了美美最愛吃的炸雞腿和水果沙拉，兩個女孩邊吃邊聊。在兩個人聊得最投機、吃得最快樂的時候，聽聽把卡片的事說給了美美。

聽聽說：「當時，我看到抽中的是妳的卡片，別提心裡有多高興了，可是一見上面

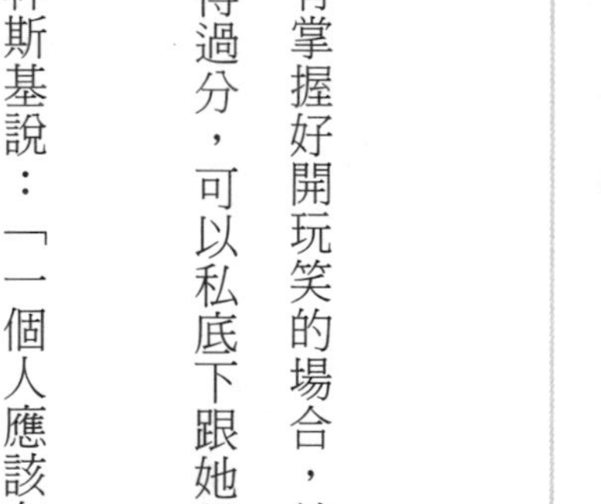

留的言，心裡就有點不痛快了。」

美美表情顯得很驚詫：「我是開玩笑的，妳別誤會，很抱歉，讓妳不開心了！」

聽了美美的話，聽聽倒有些心軟了。她不但氣消了，還安慰起美美來：「沒什麼的，我只是順便問問妳怎麼想起寫那句話了，還以為妳寫錯字了呢！」

說完，兩個人都笑了起來！

透過這件事，聽聽懂得了千萬不要受到一點點傷害或者有一點不合自己的心意就認為別人是惡的、不好的。只要你懷有一顆善良的心，對別人好，別人就會真誠地對你好。

媽媽給聽聽講了這樣一個故事。一個小男孩生氣了，於是他跑到山崖邊對著山谷喊：「我恨你！我恨你！」接著山谷傳來回音：「我恨你！我恨你！」小男孩很害怕，就跑回家裡對母親說：「山谷裡有個卑鄙的小孩子說他恨我。」母親把兒子帶回山崖邊，讓他對著山谷喊：「我愛你，我愛你！」小男

孩照著母親說的話做了，他驚喜地發現山谷裡的孩子正對著自己喊：「我愛你，我愛你！」

為了讓聽聽進一步體會到只要自己對別人好，幫助了別人，就會受到別人的感激，同時也會得到別人的幫助，媽媽提議讓聽聽從自己的零用錢和壓歲錢中節省出一部分，用以資助貧困地區上不起學的孩子。

每個學期到了繳學費、買參考書籍的時候，聽聽都會把自己積攢了半年的零用錢拿出來，寄給山區的一個孩子。聽聽的好心得到了回報，每到秋季，那個孩子都會給聽聽寄來草編的蚱蜢和家鄉的土產。

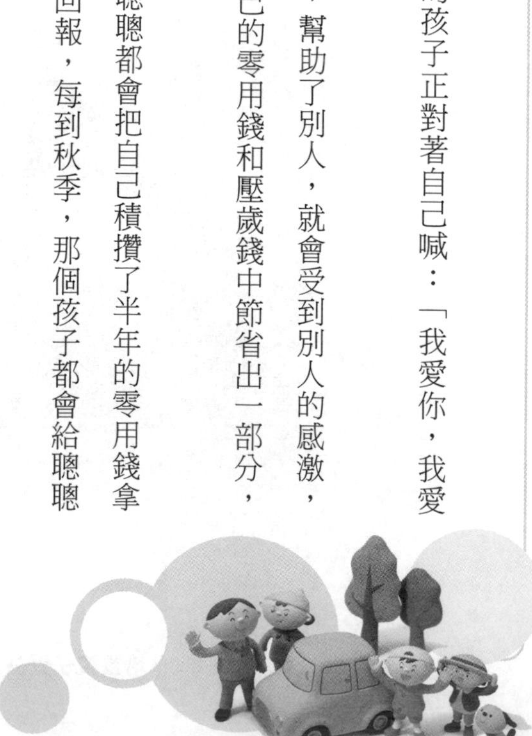

六・樂觀不等於自欺欺人，給人生買一份精神保險

樂觀是一種性格傾向，能夠使人看到事情光明的一面，不斷期待好的情況出現。如果一個人性格樂觀，每天想到的都是快樂的事情，那麼，日子就會過得快樂；如果一個人每天都處於悲觀情緒之中，每天想到的都是可能會發生的不幸，那麼，不幸就真的會不期而至。

由此可見，孩子的樂觀性格將會決定孩子一生的幸福和成敗。做為家長，不管自己的孩子生來的性格是開朗還是內向，都有責任透過後天的培養使孩子擁有一個樂觀的性格。

衛衛生於一個高級知識分子家庭，從小身體瘦弱，咳嗽、感冒沒斷過。父母心疼他，為了避免勞累影響身體，家事從來不讓他插手。國小快畢業了，衛衛連自己的襪子都沒有洗過。

男孩子大都喜歡打鬧，衛衛也羨慕一群小夥伴在一起氣喘吁吁地追來趕去的場面，但是父母擔心衛衛在玩耍中吃虧，一見到他和鄰居家的孩子一起玩耍，就會把衛衛叫回來。漸漸地，衛衛也就脫離了小朋友的群體。

放學後，衛衛常常一個人待在家中，食品、玩具、動畫光碟片堆成了堆，衛衛寂寞的時候，父母就讓他吃愛吃的食物，玩他喜愛的各種玩具，看喜歡的動畫片解悶。衛衛的童年，過的是一種自足自樂、近似於封閉的生活。

衛衛的父母都是非常出色的英語翻譯專家，說得一口非常純正的英語。爸爸希望衛衛也能夠說這樣一口流利的英語，於是，從衛衛咿呀學語的時候就開始教他學英語。

衛衛從小的時候日常行為中就躍動著對英語的熱情，吃蘋果的時候他會指著蘋果大聲叫「apple」，見到小鳥會喊出「bird」，跟人打招呼會說：「How are you？」那副可愛的專業模樣著實讓人羨慕！

可是，在爸爸眼裡，兒子的發音問題多了，不得不指點。當爸爸不斷指出「你的嘴張得不夠大，你的聲音不夠圓潤，發音時氣流震動太大……」幾乎只要衛衛一張口他就要跟在後面糾正，總之，衛衛就沒有聽到過一次對自己發音的肯定。衛衛覺得自己不是學英語的料，怎麼努力也不能把英語學好，慢慢地，越來越討厭英語。現在，他的英語成績在班上幾乎排在倒數。衛衛的爸爸非常生氣，認為自己的努力沒有換來應有的結果，他經常當著衛衛的面嘆氣：「這孩子真的不行，將來可怎麼辦呢？」爸爸越是這麼說，衛衛越不喜歡英語。

那天晚上，衛衛做完功課想看動畫片，可是恰巧爸爸的同事來家裡，兩個人坐在客

廳裡霸佔著電視，邊喝酒邊聊天邊看球賽。

聊著聊著，就說到了孩子的學習，爸爸嘆口氣：「我家衛衛，聰明倒是聰明，就是成績不行。」

恰巧衛衛聽到了這句話，本來就為看不到電視而不開心，這下更不高興了，撅著嘴回到了自己的房間。見到衛衛撅著小嘴，媽媽提醒他可以看看故事書或者玩玩遊戲，一樣會很有意思的。可是衛衛心情差極了，什麼都不願意做。

衛衛在房間裡走來走去，推開窗戶，看到天空灰暗暗的，沒有一顆星星，忍不住說：「又是這樣的壞天氣，說不定明天又會下雪了。一下雪路就會變滑，不知道要摔多少跟斗呢！」

看著兒子心情黯淡的樣子，媽媽有點被震撼了。別的孩子都期待下雪，遇到下雪，都興高采烈地在雪中奔走、打鬧，衛衛竟然不喜歡那銀白的世界，不能體會到雪給生活帶來的快樂？

這樣看來，兒子的生活已經陷入了一片悲觀的泥沼。媽媽疑惑，一個衣食優越，享受著良好教育的孩子，為什麼這麼悲觀呢？

衛衛的父母在生活中都是那種一絲不苟、力求上進的人，他們最反對那種近似於精神麻醉、自欺欺人的行為。而且，在日常生活中，他們也盡力把這種立場滲透到兒子的生活理念當中。現在看來，這種不苟言笑的做法可能抑制了孩子樂觀性格的形成。

媽媽下定決心改變對衛衛的教育方式。英語的學習，堅決不讓爸爸插手，也就是，按照學校老師的教法，自主自由地去學。媽媽告訴兒子，不要去想自己的發音準確不準確，大膽唸出來。同時，媽媽叮囑爸爸，不管兒子的發音多麼不準確，爸爸都不能指出來，甚至還要誇獎一下兒子。爸爸雖然不甘心，但是內心深處希望自己的兒子能夠取得好成績，於是就答應了。

當衛衛讀英語的時候，爸爸雖然豎起耳朵聽著，但是總是裝作在忙自己的事情，毫不在意的樣子。偶爾還會露出驚喜，誇獎兒子讀得不錯，發音很有進步。爸爸那種意外的驚喜神情，讓衛衛覺得自己的英語真的是有了很大的長進，學起來就更來勁了。

衛衛本來英語就很有基礎，這下有了衝勁，英語成績一下子就躍居全班的前茅。而且，還經常被老師選中參加各種英語比賽，班上的很多同學，遇到發音不準確的時候，都會來請教衛衛，在他們眼裡，衛衛的英語是純正的，比老師還要有味道呢！

這下，衛衛的爸爸開心了，他怎麼也不會想到，自己費九牛二虎之力對孩子進行培養沒有達到的目標，在媽媽樂觀精神的感召下竟然輕輕鬆鬆就實現了。媽媽告訴爸爸，大多數孩子對自己的評價都是以別人的評價為標準的。在家中給孩子一種「我行」的感覺，是孩子以樂觀精神做事的基礎，也是孩子成材的關鍵所在。

衛衛的身體雖然仍然沒有其他孩子那麼健壯，但是媽媽還是放開懷抱，讓衛衛尋找夥伴自由玩耍。走出家門的衛衛，和小夥伴在一起，身上再也沒有那種孤零零的可憐相了。

有一天，衛衛和幾個男孩玩遊戲，一個男孩不小心把衛衛絆倒了，正好撞在公園的石凳上，鼻血當即就流出來了。幾個孩子手忙腳亂幫助衛衛止血，衛衛仰著脖子，有的小朋友扶著他，有的小朋友幫著拍腦門，有的小朋友遞上紙巾幫忙擦血跡。要是平時在家中流鼻血，衛衛一定會大哭一場，可是這次，衛衛一聲都沒有哭，他不但沒有感覺到疼，還覺得被夥伴關心很幸福。

當衛衛臉上不斷閃耀著樂觀光芒的時候，媽媽開始指導兒子做一些自己能夠勝任的家事，每次，衛衛都開開心心地去完成。

衛衛的變化，正好應驗了教子過程中的一個道理，那就是家長相信孩子，孩子就會相信自己。久而久之，孩子自然就變得樂觀開朗。所以說，培養一個樂觀的孩子不是一件難事，但絕非是一件可以忽略的事情。

8

會說話的父母有遠見，

教會孩子練就搏擊未來的大智慧

智慧，是偉大的靈性之光，能夠使生活更加充實，人生更有希望。一個人越富有智慧，人生之路就會越寬，命運之舟就會越平穩。會說話的父母會從生活的小事出發，不忽視孩子的智慧成長。

一．業精於勤荒於嬉，從小培養勤快的好孩子

有一首兒歌，很多孩子都會唱：

穿衣要人繫鈕子，
下床要人提鞋子，
洗臉要人端盆子，
漱口要人送杯子，
吃飯要人遞筷子，
寫字要人搬椅子，
大便要人提褲子，
睡覺要人鋪被子，
小時是個懶孩子，
長大是個大傻子。

唱完兒歌如果問孩子：「你願意成為兒歌中唱的那個傻子嗎？」一定沒有哪個孩子願意長大後成為一個大傻子。可是，事實上，懶孩子真不少！

嘉嘉三、四歲的時候，只要父母下班回家一進門，他就會跑過來幫父母拿好拖鞋，讓父母換上，每次得到父母的表揚嘉嘉都喜孜孜的，表現出極大的熱情。

可是嘉嘉對什麼都躍躍欲試，那種礙手礙腳的樣子很影響媽媽做家事。媽媽打掃衛生，他會搶媽媽的吸塵器；媽媽洗碗，他會搶著幫媽媽洗碗；媽媽洗衣服，他會拿晾衣杆幫媽媽晾衣服，總之媽媽做什麼他做什麼。有的時候，他還會自顧自地拿出盆和麵粉張羅著給媽媽和麵粉來包餃子。

每當這個時候，嘉嘉的父母都會佯裝惱怒地把嘉嘉抱開，不要他添亂。有一次，嘉嘉的父母沒有注意到嘉嘉的所為，嘉嘉竟然把米和麵粉摻和在一起。媽媽給惹怒了，啪啪幾巴掌打在了渾身是麵粉的嘉嘉身上，從那以後，嘉嘉再也不願意進廚房了。

有著嘉嘉一樣經歷的孩子並不是少數，他們參與勞動或表現出參與的積極性時，父母擔心孩子做不好或弄壞東西、弄髒衣服、弄傷自己，總是加以制止。有的甚至嚴密監控孩子，只要孩子有什麼探索行動，就會立刻制止。於是，就使孩子們失去了勤快的機會，勤勞感自然無從萌生。

從兒童發展心理學來看，七至十二歲，是保護和發展「勤奮感」的關鍵時期。如果忽略了孩子這一成長特徵，孩子就可能成長為懶孩子。

週末，嘉嘉一家人去外婆家。外婆洗了一盤葡萄給嘉嘉吃，嘉嘉坐到沙發上，很舒服地仰躺下後，拿起葡萄就吃，一邊吃一邊剝殼。外婆見狀，在茶几上又放了一個空盤，讓嘉嘉放葡萄皮。吃了一會兒，嘉嘉叫外婆。外婆走過來，嘉嘉把一手吐出來的葡萄皮放到外婆手裡，讓外婆拿走。外婆嗔怪：「這孩子真會享福，一起身就可以把葡萄皮放到盤子裡，這樣都懶。」一家人哈哈大笑。

嘉嘉的父母很苦惱，嘉嘉著實太懶，頭髮長長了，如果父母不帶他去理髮，他是絕對不會自己提出要理髮的；自己的東西，東放西放一塌糊塗。惹得嘉嘉的父母經常驚呼：「這孩子怎麼這樣懶！」

說實話，生活中懶一點，做父母的可以代勞。但是，學習上太懶，長大了就可能像兒歌中唱的那樣，將來成為一名大傻子。當嘉嘉的父母心中充滿了這種焦慮的時候，嘉嘉的學習已經出現了狀況。

古人有一條著名的讀書治學經驗，叫做讀書要做到：眼到、口到、心到、手到。這「手到」就是讀書筆記。

老師要求學生上課聽講記筆記，可是嘉嘉寫字較慢，不能根據老師的進度紀錄下講課重點，導致很多知識點不能即時掌握，一節課下來，對老師所講知識一知半解，更談不上積極舉手回答老師提出的問題了。每天完成功課，都是糊裡糊塗，應付了事，有時甚至不能按時完成。

嘉嘉的父母很擔心自己的孩子懶成這樣，未來的人生還有什麼成功可言呢？俗話說「天才出於勤奮」、「業精於勤荒於嬉」，想要成功是絕對離不開勤奮的，再聰明的天才，也是非常勤奮的人。勤奮可以讓平凡的人變聰明，但是懶惰可以讓聰明的人變愚蠢。嘉嘉學業成績差並不是腦筋笨，而是不夠勤奮的原因。而一個孩子不夠勤奮，原因在於沒有從小形成勤奮感。

如果父母幫助孩子形成了勤奮感，讓他自己體驗到很多事情是可以透過自己的努力實現或者取得進步的，這樣，就會促使孩子不斷努力，勤奮起來。而學習管理自己的功課，就是孩子培養「勤奮感」最主要的管道。

為了使得嘉嘉在上課的時候，做到眼到、口到、心到、手到。於是，嘉嘉的父母決定從孩子的生活點滴，尤其是學習方面培養孩子的勤勞習慣。

每天放學後，父母叮囑嘉嘉先把功課寫完。然後再複習當天老師講的知識，把它們整理出來。之後再預習明天要學的主要科目，紀錄下重點和疑難處。這一連串的鞏固、預習的過程，可以使得嘉嘉第二天上課能夠輕鬆不少。

父母囑咐嘉嘉課堂上專心聽老師講課，側重於預習中不懂的問題和沒有注意到的地方。一開始嘉嘉是在強制自己認真聽講，慢慢就養成了主動聽講的好習慣。

上課時老師提問，嘉嘉勤於思維，積極回答問題。因為嘉嘉大膽發言，不管嘉嘉回答的完不完整，是對是錯，在你說我答、你爭我辯的活躍氣氛中，正確答案就出來了。嘉嘉在課堂上認真地想問題，不但可以接受新知識，還能發現新問題，達到了知識的融會貫通。

朗讀課文曾經是最令嘉嘉頭痛的事情，自從課堂上嘉嘉積極回答問題後，嘉嘉的朗讀能力飛速發展。媽媽指導嘉嘉朗讀課文前先默讀幾遍，直到理解了整篇課文的意思，再開始朗讀。朗讀的時候先讀對字音，爭取不多字、不丟字，讀流利的同時注重語句的抑揚頓挫。

經由一段時間的努力，嘉嘉在學習上逐漸跟上了節拍。在生活中，父母透過提高嘉嘉做事的興趣的方法，做為提高嘉嘉勤奮感的突破口。每當嘉嘉主動地做一些事情的時候，不管那事做得是否值得稱讚，父母都會提出表揚，以提高嘉嘉做事的興趣。

當然，懶孩子的形成不是一日之寒，懶孩子的轉變也非一時之功。嘉嘉的父母深知這一點，他們欣慰自己的孩子頻繁叫父母為我做這個、為我做那個的次數一次次減少了，嘉嘉的學習衝勁和成績卻一點點地在上升。

二・小選擇決定大未來，善於捨棄才能獲得完美

生活中，經常聽到很多家長呼籲：當今的孩子多麼霸道，父母說什麼不聽什麼，什麼事情都要自己來拿主意。比如說，父母要孩子穿藍色衣服，孩子非要穿紅色衣服；父母要孩子學鋼琴，孩子偏要踢足球……結果，父母的希望孩子達不到，孩子的願望父母不支持。於是，做父母的以一句可憐天下父母心來自比自己的可憐相。

就拿森森來說吧！早上趕著起床去幼稚園，本是爭分奪秒的時刻，可是時間一分一秒地過去後，他就是不肯穿媽媽給他準備好的黑色襪子。於是媽媽給他換來一雙黃色襪子，森森見了接著鬧，怎麼也不肯把自己的雙腳套進去。媽媽沒有辦法，採用武力解決，可是等媽媽強制把襪子給他套到腳上後，他卻哭喊著脫了下來。

看著母子倆在那裡展開了穿襪子的拉鋸戰，爸爸本已邁出家門的腳又縮了回來。爸爸從媽媽的手裡拿過兩雙襪子，對兒子說：「兒子，你今天想穿黑色的襪子，還是黃色的？」

「黃色。」兒子擦乾眼角的淚水，很乾脆地回答。媽媽驚訝地張大嘴巴，已經僵持了近十分鐘的事情，不到幾秒鐘就被老公搞定了，一股挫敗感油然而生。接下來的表演

就更精彩了，爸爸接著問兒子：「森森，你準備先穿左腳，還是右腳？」

「右腳。」兒子的回答乾脆得很。就這樣，媽媽費了九牛二虎之力都沒有解決的事情，爸爸不費一點力氣，「兵不血刃」地把「戰鬥」給解決了。

從這件事情不難看出，做父母的很多時候是在庸人自擾，實際上並沒有自己想像的那麼可憐，孩子也不是什麼「逆子」。相反地，教子過程中出現的很多不和諧原因都在於父母，是父母望子成龍，剝奪了孩子選擇的權利，而陷入了教育孩子的錯誤觀念。

人生會有無數個選擇的路口，所以任何一個人都離不開選擇。選擇是一種能力，當一個人做出一項選擇的時候，大都經過了一定的權衡和思考，特別是現實情況較為複雜的時候，更需要選擇者具備一定的頭腦和勇氣。而這一切，不是生來就具備的，需要從孩子小的時候就著意培養。

如果你是一位處於養兒育女征途的父母，暫時還沒有想到「選擇能力」對孩子成長的幫助，千萬不能因為這麼一個小小的忽略，就影響了孩子的未來人生。

在森森小的時候，每次父母帶他出去買東西，他對玩具都表現出強烈的購買慾望，尤其喜歡小汽車。那次，媽媽帶著森森去超市買文具，走到玩具專櫃前，森森拿起小汽車就往購物筐裡放，完全忘記了家裡已經有了二、三十輛小汽車，而這次自己是來買文具盒的。

媽媽見到森森如此不知輕重，就對兒子說：「如果你要買小汽車，媽媽就沒有錢買其他東西了，就要放棄許多原本計畫購買的東西，比如白帶魚、麵包、優酪乳等。」

森森很豪邁地說：「那些東西可以明天再來買！」

因為趕時間回家，媽媽只好成全兒子了。可是事情過去了一段時間後，媽媽突然醒悟自己遷就了兒子的願望，其實錯過了一個對孩子正確引導的良機。

從那以後，每次給森森買東西，媽媽都要帶著森森去，讓他自己選擇。比如去買玩具，媽媽會有意識地提醒森森：「你今天可以買兩件玩具，價錢不能超過一百元。家裡已經有了好多輛小汽車了，這次最好買其他的玩具。」

面對媽媽這麼多的購買要求，森森顯得有點不知所措，先是在各式各樣的小汽車面前猶豫著，接著就在其他的玩具面前徘徊。一會兒拿起一隻毛毛熊，一會兒又拿起一把小手槍，翻來覆去考慮，好不容易打定主意，準備做出決定的時候，又放棄了。

媽媽走過去，看了看價格標籤。笑了，原來兩種玩具加起來的價格是一百零五元，超過了媽媽給他的限定一百元。

看著兒子既愛不釋手，又沒有能力買下來的可憐樣子，媽媽心疼了，想走過去告訴兒子，媽媽允許他超出五元。可是想到兒子將會面對未來人生求學、就業等各式各樣的選擇，又縮了回來。媽媽覺得兒子在做出選擇的過程中，心理素質得到了鍛鍊。

培養孩子的選擇能力，就是讓孩子明白選擇的同時其實就是在放棄，選擇的不一定就是最好的，放棄的也可能是最優秀的。不管是哪種情況，只要做出了選擇，後果就需要自己來承擔，所以每做出任何一次選擇，都要經歷一番周密的思考和權衡。

任何一項選擇其實都是與遺憾相伴隨的，這需要孩子在不斷地選擇中去體驗。面對一件事情的幾種選項，森森的媽媽經常對森森說：「要怎麼做？你自己考慮一下。」

剛上國小的時候，在森森的同學中颳起了一陣才藝班熱，班上的很多孩子都報了才藝班。森森著急了，回來吵著鬧著也要報名參加才藝班。

媽媽問他平時對什麼感興趣，自己打算學些什麼？森森那段時間正在癡迷武俠片，他說喜歡柔道，長大了想當個大俠；又說想學好國文，以後當作家。

媽媽聽了兒子的想法，知道兒子在與外界接觸的過程中，對自己的未來有了朦朧的認識與態度，並且能夠很自然地與自己的學習聯繫起來，雖然還不成熟，但是表示兒子在長大。媽媽沒有反駁兒子，因為注重的不是孩子具體學會什麼，而是透過這些學習與鍛鍊，能夠提高兒子的素質。

媽媽對森森說：「只要你對這些學習班感興趣，媽媽就支持你參加，但是選擇的時候一定要慎重。」

媽媽的態度令森森感動不已。與那些為了選擇才藝班與父母發生爭執、最後不得不

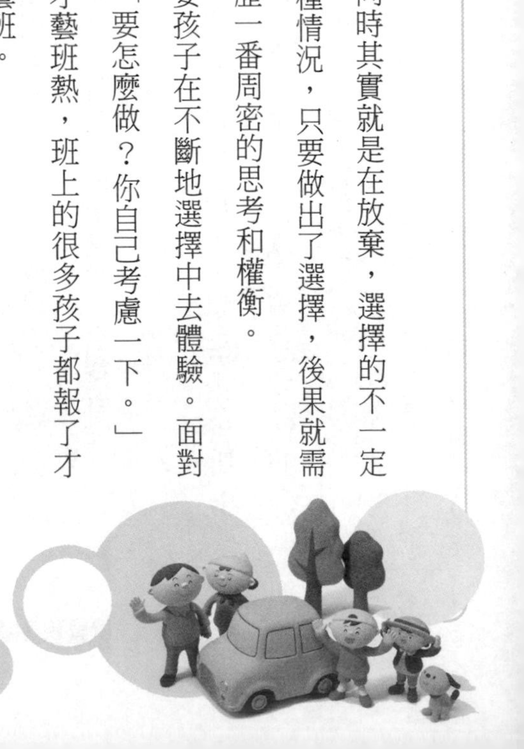

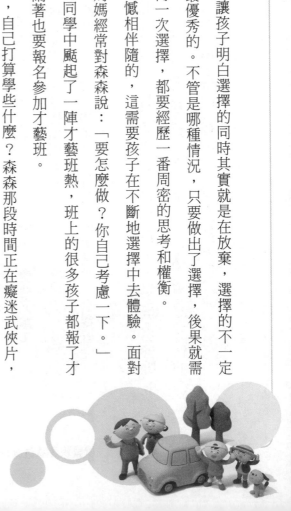

聽從父母意見的孩子相比，森森覺得自己的父母真的是太理解自己了。最後，森森鄭重選擇了柔道班。

選擇是一種重要的能力，一個人長大後選擇的能力，取決於童年的經歷以及父母的教育。要培養自己的孩子將來能夠成就大事，最好從孩子小的時候起就給予他選擇的權利和機會。

世上成大事之人的成功法則，都離不開適時的堅持與放棄。成功者之所以成功無一不是選擇了適合自己的發展之路。要想孩子將來也能夠正確選擇出適合自己的道路，千萬不可以缺席了孩子選擇能力的培養。

三・趁早體驗成功，以防被「習得性無助」擊垮

「我這樣的人既沒資金又沒學歷，人生沒有希望了！」、「聽天由命吧！」……面對這樣的說法，很多人會不理解，好好的生活怎麼就進入了這樣一種無能為力的情形中呢？

其實，這與一個人的成長經歷有關。人生在世，失敗與挫折總是伴隨生活的每一天。比如，有的人一生下來就患有某種先天性疾病，有的人上學時學業成績不好、升學考試一敗塗地，有的人不斷遭受失戀的打擊，有的人夫妻感情不好不得不離婚，有的人失業，有的人體弱多病甚至身患不治之症等等。如果這樣的人面對苦難，總是陷入一種無能為力的失助狀態，那麼就很容易患上「習得性無助」。

從科學的角度來解釋，當一個人經歷的失敗太多，體驗到的成功太少，或者根本就沒有體驗過成功的時候，對待失敗的容忍就會超越本身的「容忍度」，失助感襲上心頭，整個人就變得悲觀失望，沒有力量戰勝苦難追求新的成功了。

既然患了「習得性無助」這麼可怕，就應該防備習得性無助對人的傷害。預防「習得性無助」，其實並不難，只要父母從孩子小的時候不急著鍛鍊孩子，使孩子品嘗到成

功的滋味。那麼經歷過成功歷練的孩子，因為有了戰勝困難的經驗，就能不斷體驗到成功，就不會被困難擊倒。

從上學的那一天起，嘉嘉就表現出了非常討喜的學習熱情——課前預習、課後複習、家庭作業，每一項都完成的一絲不苟。讓畢業於明星大學的嘉嘉的父母開心不已，他們對於嘉嘉的智商一直都很有自信，只要嘉嘉能有個正確的學習態度，他的未來肯定不是問題。

每次寫作業，當嘉嘉問媽媽問題時，無論媽媽手上有多忙，媽媽都會說：「來，媽媽幫你看一看。」很快，媽媽就看出問題所在，接著就很仔細地給嘉嘉講解了起來。嘉嘉好問，媽媽樂教，場面分外溫馨，在嘉嘉眼裡媽媽講解的比老師更清晰。於是，每當嘉嘉有什麼問題，首先想到的是問媽媽，而媽媽每次總是給予嘉嘉「無私」的幫助。

漸漸的，嘉嘉的問題越來越多，一遇到難題就會想到媽媽的幫助，很多情況是動一下腦筋就可以解決的問題，因為心中依賴著媽媽，他越來越不願意動腦解決，學業成績也越來越差。在一次考試中，好幾道本該解答的難題都沒有破解，成績一塌糊塗。

美國教育家陶森所說：「即刻的幫助，等於貶低了孩子的智慧。」除了減少孩子的鍛鍊機會之外，急於幫助還會給孩子輸出「你不行」的消極資訊，等於對孩子說：「我幫助你，是因為你沒有能力靠自己的力量做出來。」久而久之，處於永遠的否定資訊

下，難以培養起孩子做事的信心。

嘉嘉的媽媽認識到這一點後，決定改變自己對孩子的關照方式。從那以後，每當嘉嘉問媽媽作業問題時，媽媽總是說：「媽媽還有自己的事情，你自己動動腦好嗎？你現在已經比媽媽強了，你一定行！」

媽媽的態度與以前判若兩人，嘉嘉雖然有點失望，但是沒辦法，只好自己千方百計解決問題。大部分問題，透過自己努力，都得到了解決。有一些習題，實在做不來的，就去懇求媽媽或者問老師。

看到嘉嘉每解決一個難題都表現出異常興奮的樣子，媽媽總是慷慨地誇獎嘉嘉幾句：「我兒子已經長大了，越來越能夠克服學習困難了！」

這樣，嘉嘉逐漸養成了有問題自己解決的習慣，學業成績也一步步向前邁進。真正應了俗語：「人在事中練，刀在石上磨。」、「動手又動腦，才能有創造。」但是，很多家長出於對孩子的心疼，當孩子被困難難住的時候，就忍不住出手相助了。

這種做法其實並不高明。面對困難，孩子產生畏難情緒是在所難免的。如果父母所

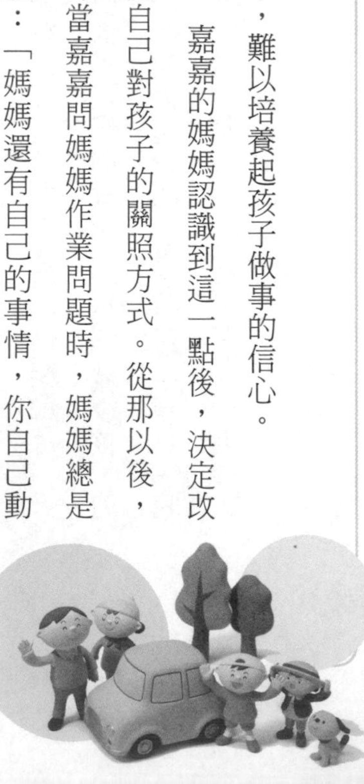

有的事情都替孩子代勞了，孩子沒有機會做事，無異於被剝奪了體驗成功的機會。但是如果父母做「甩手先生」，一切事情都放任不管，孩子戰勝困難和挫折的能力有限，那麼孩子有可能被困難擊倒，早早淪為「習得性無助」的受害者。所以，家長既不包辦也不放任不管，而是不斷鼓勵孩子，給孩子打氣，這樣孩子就有了戰勝困難的信心和力量。

成長中的孩子，由於身心發展還不成熟，自我控制和約束的能力相對較弱。如果總是經歷失敗，那麼對事情的興趣就會大大降低，特別是學習這種需要付出長期努力的事情，更需要孩子有極大的熱情。當孩子不願意學習時，成績當然提不上去。所以，父母在日常生活中應該努力為孩子創造體驗成功的機會。

嘉嘉有個小表妹，暑假的時候媽媽把表妹接到家中。媽媽叮囑嘉嘉：「表妹不大愛讀書，這個暑假你負責幫助小表妹把暑假作業寫完，並且幫助檢查一遍，表妹不會的題目，你幫助表妹輔導輔導。」

嘉嘉有點沒信心，對媽媽說：「我可以嗎？」

媽媽當即說：「你比表妹高一年級，成績也一直不錯，只要用心做當然行了！記住，你舅舅可是對你寄與厚望了，還指望你利用這個暑假把小表妹沒有學好的功課給補上呢！」

整個暑假，嘉嘉從沒睡過懶覺，每天準時起床，按照暑期計畫和表妹一起做功課，表妹遇到不懂、不會的題目，嘉嘉就給予耐心、細心地解答，直到表妹弄懂會做為止。

暑假結束了，表妹臨行的時候對嘉嘉依依不捨，還說一定要努力，將來和哥哥一起考取最好的大學。

而嘉嘉，因為有輔導表妹的責任在肩膀，自己首先就要做得更好。整個暑假不但認真完成了自己的功課，還監督、幫助表妹完成了，成就感分外強烈，自己對學習也更有熱情了。

「成功更是成功之母」，孩子遇到的機會越多，舞臺越寬，孩子獲得成功的機會也就越多，在成功中就越能孕育更多的成功。

四．好孩子從磨練中來，支持孩子出去闖一闖

孩子一天天長大，做父母的，平時更多的精力放在了孩子智力的提高、語言表達能力的增強上，卻往往忽略了孩子膽識、生存能力、應對能力等方面的磨練。殊不知，基本生存能力的缺失，對孩子未來成功的影響要遠遠高於人們的認知能力。

江江讀國小四年級的時候，有一天和幾個小朋友去同班同學家玩，回來的時候因為不熟悉路線，走了很多冤枉路。

眼見著天一點一點黑下去，為了不讓家人擔心，到了熟悉的地方後，幾個小女孩商量決定走近路。近路是一片正在拆除的舊廠房，一段段矮牆在月光下反映出一節節的影子，有點恐怖。但是幾個小女孩並不怎麼怕，仍舊互相牽著手向家的方向前行。

走著走著，突然一面牆的後面閃出一個人影，驀地橫在了幾個小女孩面前。

「站住！」那個高大的男人伸手攔住了幾個小女孩的路。幾個孩子懵了，互相把手握得緊緊的。

「別怕！」江江低聲對大家說。

恰巧，前方有汽車行駛發出的聲音。「哦，爸爸來接我們了！」江江高興地大喊，

趁著那個男人恍神回頭看時，拉著幾個小朋友向前跑去。

那個男人當然沒有膽量去追，其實，江江的爸爸當時出差在外，根本不可能來接。

事後，當人們問及江江怎麼會編出這麼一個謊言嚇唬壞蛋，江江說：「媽媽經常告訴我，女孩子要學會自我保護。但是女孩子力量小，遇到壞人，只能智取不能硬拼，當時就想出了這麼一個辦法。」

經歷過這件事情，那幾個女孩的家長便不再讓她們自己上學、放學，就是去小朋友家玩也是父母接送。但是江江的媽媽卻沒有這麼做，她只是告訴江江，做事情要動腦。比如天黑了，可以打電話請家人來接。如果沒有特殊情況，還是自己上學。

為了有意識地鍛鍊江江，每年媽媽都要把江江送到夏令營歷練一番。第一次送江江去夏令營的時候，她哭著喊著要回家。江江在營房裡哭，媽媽在外面掉眼淚：但是一想到自己的孩子遲早要踏入社會的舞臺，越捨不得放手，孩子將越得不到歷練，媽媽狠下心跑了出來。

度過了一個夏令營，江江不但養成了早睡早起的習慣，還學會了自己洗衣服。以前在家裡襪子都不自己洗，這時，自己的小衣服媽媽想幫她洗都不用。

她對媽媽說：「生活自理在以後的生活中是十分必要的，所以我必須把自己鍛鍊成一名優秀的生活能手。要不然上了大學，成家後，還把媽媽帶著不成？」

江江的姨媽住在高雄，每年假期姨媽都邀請江江去那裡遊玩。可是因為捨不得離開父母，江江從來沒有去過。

經過了夏令營的歷練，江江的自信心增加了。不再擔心自己這個不行那個不成了，對什麼事情都信心百倍。媽媽問江江：「姨媽邀請妳寒假的時候去高雄玩，妳去嗎？」

江江高興地說：「去！」

媽媽補充道：「爸爸媽媽都沒有時間送妳，要妳自己坐火車去，到了車站姨媽一家會去接妳。」

江江說：「沒問題的，我有姨媽家的住址，就是不接我，我也能找到。」

媽媽刁難：「妳怎麼找呢？」

江江成竹在胸：「我先在網上查好公車路線，或者搭計程車去啊！」

於是，媽媽告訴江江上火車的時候要按號入座，下車的時候要慢慢走出車廂。如果搭計程車，就要先記下司機的車牌號碼，並發簡訊告訴姨媽車牌號碼和到家的時間。江江媽媽覺得盡可能放手讓江江去做、去闖，只有這樣才能增加孩子的見識，歷練孩子的膽量。

古人云：「紙上得來終覺淺，須知此事要躬行。」

磨練必須面對實際，深入實踐，解決一個又一個具體的問題，既需要知識，又需要能力。在實踐中，許多不知道的東西知道了，許多不會做的事情會做了。知識增長了，本領也提高了。

為什麼有些家長明明知道磨練對孩子是必要的，卻很少給孩子磨練的機會呢？主要原因是心疼孩子。愛都來不及了呢！怎捨得讓孩子吃苦。只因一個愛字，情感便沖淡了理智。

適者生存是人類賴以生存的最基本條件。多變的現代社會，使得人們更難以掌握自己的生活和工作，青少年如果沒有良好的適應能力，根本就談不上在將來的競爭中取勝，反而容易被淘汰。

美國兒童心理學家格里尼博士指出，每一個父母都應該知道，在現實的社會中，大人不可能總是為孩子提供一個完美的生活環境，因此，父母如何鼓勵孩子適應環境，才是最重要的。需要注意的是，適應環境不是一味地「順從環境」，根據環境條件改變自身、調節自身，試著與環境條件保持協調，才是其本意，才能真正生存。只有適應環境，才能改變環境、創造環境。

五．「現在＋1」，每天都要積極進取

生活中經常聽到這樣的慨嘆：「父母不認識什麼字，哪裡懂得教育，可是孩子竟然出國留學了！」、「我們給孩子創造了這麼好的物質環境，孩子就是不行。看來，家長再好強，孩子不努力也無法有出息。」

如果把以上兩種情況看成當今家庭教育中存在的一種「不公平」現狀，這種情況的出現其實有著很大程度的合理性。那就是物質在孩子的未來發展中的作用，要遠遠遜於父母積極進取的生活態度對孩子的感召作用。那些生活艱辛的家庭，如果父母天天早出晚歸，努力賺錢，即使一分錢掰成兩半花，孩子的生活學習也是有動力的，這正是源於舉家積極生活的那份情境的激勵作用。

當今生活於物質富足家庭的孩子，把自己的經濟狀況倒退幾年重新過那種艱苦創業的生活已是不可能的，但是卻可以給孩子一種積極向上的動力，使孩子在正面的影響和刺激下不斷進步。

瞿瞿的家到處堆滿了書，爸爸大部分的業餘時光都是在看書、寫作，在爸爸的影響下，瞿瞿也是一個「書迷」。學習型的家庭中，父母與孩子是共同成長，甚至相互影響的。父母的不斷進步、不斷學習，對孩子的影響是無形而深刻的。

小的時候，爸爸選一些啟發少兒心智的、對學習具有激勵作用的、從小如何立大志的故事，以及生動的歷史故事、寓言故事、科幻故事，動物故事等。透過各種的故事薰陶，有意識地培養孩子積極的思想。

瞿瞿長大了，能夠自己獨立閱讀的時候，爸爸就給瞿瞿買回各種名著。爸爸寫作的時候，瞿瞿就讀書。爸爸有的時候整個下午關在書房裡讀書、寫作，瞿瞿也能夠靜靜地閱讀一下午書。

瞿瞿雖然愛好讀書，但是這個時候學業成績並不理想。媽媽很著急，經常責怪瞿瞿不好好念書。但是爸爸並不這麼想，他覺得培養孩子一個積極學習的心態，孩子成績趕上來就容易了。

國中一年級期末考成績出來後，瞿瞿一如從前的中等偏下。媽媽很生氣，責怪瞿瞿不好好念書。爸爸深知自己兒子的智商不低，只是沒有把心放在課業上而已。

爸爸見到兒子的成績單，笑著說：「成績差點也未必是壞事，這應該是件好事。」

瞿瞿看了看爸爸，滿臉詫異地低聲問：「為什麼？」

爸爸輕鬆而認真地笑著說：「因為這樣，努力的空間大，你本來就是一個聰明的孩子！要不怎麼能夠把四大名著裡的人物記得那麼清楚？你發表了十幾篇文章，也說明

你是個有文采的孩子。只不過由於貪玩，沒把精力好好放在課業上而已。只要肯努力，進步肯定快。」

兒子心動了，帶著憂慮對爸爸說：「爸，我從現在開始努力，還能考取高級中學嗎？」

爸爸說：「當然能！爸爸讀高級中學的時候成績也是一般，後來不也一樣考入了好大學嗎？」

兒子緊握拳頭，用力舉起來，晃了晃。

在上國中二年級的一天，瞿瞿回到家後，輕描淡寫地說他得了進步獎，並把獎品遞給爸爸。

爸爸很開心，拍拍兒子的肩膀說：「進步了，很不錯！我們慶祝一下，出去好好吃一頓！」

媽媽也贊成。

但是兒子擺擺手說：「有點進步就覺得自己了不起，以後還怎麼進步呢？再說我進步也不是很大，僅僅前進了三十九名，只不過是個二等進步獎，根本就沒拿到優秀成績獎。」

一個學期前進了將近四十名，媽媽高興的幾近瘋狂，摟著兒子搖晃夠了，對兒子說：「兒子，說，有什麼要求，提出來老媽都答應！」

這下兒子精神來了。

「什麼要求都答應？那我要說了喔？」兒子神祕地問。

「行！」媽媽顯然已經被喜悅沖昏了頭腦。

「我要一臺新電腦。」兒子說。

「什麼？家裡已經有兩臺電腦，你還要電腦？」爸爸和媽媽幾乎同時叫出了聲。

「我想送給老家那幾個朋友，那裡資訊閉塞，他們太需要瞭解社會，開闊視野了。」兒子輕聲說。

「贊成，明天就去買！」爸爸媽媽一起答應了孩子。

瞿瞿的進步，在於瞿瞿的父母沒有死死盯住孩子的學業成績，而是從培養孩子積極進取方面下工夫。因為積極進取之心，不僅是成功所必須的競爭力，更代表著一種獨立

思維和創新的能力。

每一個孩子出生時，智力和能力差別都不大。而有的孩子之所以各方面表現比較差，是因為進取心差。增強孩子的進取心，首先要讓孩子看到希望，有希望才能有目標。

當孩子經過一段時間的努力，成績有所提高的時候，父母要適時強化一下孩子的成功，即便是數學考試不再忘記小數點都值得表揚一下。因為正是這些小小的成績，才能累積起孩子成功者的心態。

另外，鼓勵孩子多參加一些比賽，讓孩子在大庭廣眾之下展現自己，也利於孩子真正成為一個積極進取的人。

六・行百里者半九十，笑到最後才笑得最好

「成功起源於人類的意志力」，這個被譽為二十世紀人類重大發現之一的研究成果，為當今的教育又添加了一個成功的籌碼。誰在教育過程中越先明白了這個道理，誰的孩子將來就越能早早踏進成功之門。

綜觀身邊那些意志力薄弱的人，大都在小的時候就缺乏耐性。這是因為沒有耐性的孩子，很難練成做事堅持到底的韌勁，就更別提為了一個充實美好的人生而堅持自己的信念了。

一天，多多放學回到家，一改往日生龍活虎的模樣，一副落寞神情。媽媽問兒子：「怎麼了？是不是身體不舒服？」

「媽媽，我想學書法。」多多對媽媽說。

「哦？這是好事呀？只是媽媽有點擔心，書法可不是一、兩天就能練得好的，需要長久的堅持練習，才能練得一手好字。」媽媽提醒兒子。

「可是，我好羨慕那些字寫得好的同學，但他們也不是一開始就能寫得一手好字，也是不斷練習才寫漂亮的。」

媽媽笑了。在自己的眼裡，兒子是個十足沒有耐性的孩子。吃飯東張西望，吃一頓飯怎麼也得離開飯桌幾次；看電視時一會兒坐小圓凳，一會兒坐沙發，一會兒站起來，一會兒喝點水；不能堅持玩一個玩具，而是拿拿這個，碰碰那個；帶他去跑步，跑了幾步就喊累；大人做家事他也搶著做，可是沒有一項堅持做完過……自己正發愁自己的兒子做事沒有韌性，既然他自己提出來要練習書法，何不藉著這個機會培養一下這個孩子的意志力呢？

媽媽對兒子說：「世上無難事，只要肯努力，堅持不懈一定能夠取得成功。」

媽媽的鼓勵，激起了兒子的熱情。說做就做，多多當即從書櫃裡拿出字帖，一絲不苟地寫了起來。每天放學，多多做完功課，就打開練字本練習寫字。而且，還不斷地進行比較，看看每天是否有進步。

堅持了一星期左右，多多就對練字失去了熱情。後來，乾脆停筆不練了。

媽媽問他：「為什麼不練了？」

多多說：「把字寫好太難了，練了這麼多天還和從前一個樣子。」

看多多漫散的樣子，媽媽板起面孔提醒道：「前幾天你不是下定決心一定要練好字嗎？怎麼轉眼間變了卦？光想著也像人家那樣寫一手好字，卻不知道付出努力堅持練習，那不是癡心妄想嗎？」

看著媽媽一臉的認真，多多只好回到房間一筆一劃地練了起來。

練字是一件枯燥的事情，為了增加一些趣味性。媽媽利用週末時間幫多多報了一個練字班。練字班有不少學生，年齡小的六、七歲，大的十六、七歲。老師從基本坐姿、握筆姿勢和筆劃寫法教起，然後臨摹示範，最後指導臨寫。老師教得認真，示範得規範，多多和其他學生一樣學得很專注。

隨著學習時間的深入，多多逐漸懂得了字的結構、筆鋒和框架。練字的趣味和魅力吸引著多多，練字班的學習結束後，多多也堅持在家裡每天練字。經過一個學期的練習，多多寫的字終於獲得了學校書法比賽的大獎。獲獎那天，媽媽請多多吃了他最喜歡的魷魠魚羹。並且因勢利導，藉著練習書法成功這件事，媽媽告訴多多，無論做什麼事只要有恆心，又會找方法，就能取得理想的結果。

對尚未見過世面的孩子來說，遇到困難或挫折時出現意志消沉往往在所難免，為了改變孩子做事情「虎頭蛇尾」的壞習慣，家長積極引導，陪伴孩子一起戰勝成長中遇到的困難，並讓孩子從中學會戰勝困難的方法、勇氣和意志，有利於孩子養成堅定自己信念的習慣。

多多的媽媽還注重從日常小事鍛鍊多多的意志力。比如當多多正寫著作業或者玩著遊戲的時候，突然一部好看的動畫片開始了。精彩的劇情吸引著多多，多多就有點做不

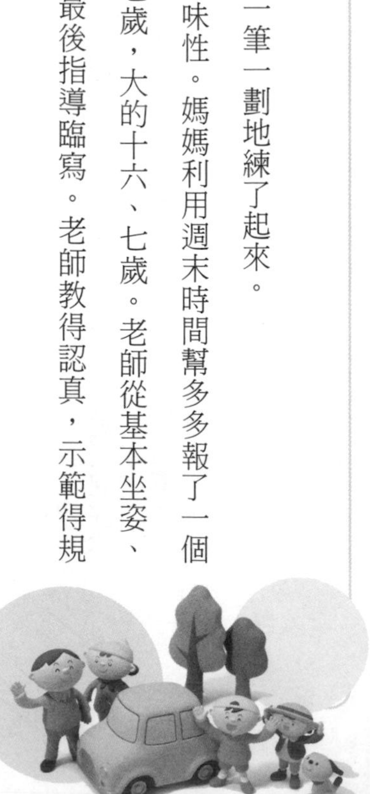

了手頭上的事情了。

媽媽問：「多多，作業寫完了嗎？」

多多回答：「已經寫了一大半了。」

這時，媽媽就會根據多多微妙的變化，及早給出警示：「只要沒寫完就只能算寫了一半，所謂『行百里者半九十』。多多，是先看電視還是先寫作業呢？」

這種情況下，聰明的多多當然回答：「先寫作業。」

媽媽順勢鼓勵多多：「我家多多真有意志力，能夠堅持把作業寫完才看電視，這才是有出息孩子的表現！」

有一天，媽媽帶著多多去朋友家拜訪。朋友家有個比多多稍稍大一些的哥哥。到了那裡，小哥哥正在製作風箏。

但是見了多多，主人出於禮貌，就對兒子說：「先放下吧！明天再做，先和多多玩。」

多多非常喜歡跟那位哥哥玩耍，但是見到那哥哥一臉的依依不捨，就對主人說：「先讓小哥哥把風箏做完，我們再玩吧！我坐一旁等，看著小哥哥做也很有趣。」

哇！當時主人一家真是大吃一驚，多多的媽媽更欣慰自己的兒子能夠耐心等待。耐得住寂寞，不就是擁有一定的意志力的體現嗎？

國家圖書館出版品預行編目資料

好父母必修的八堂說話課／楊欣欣著.
－－第一版－－臺北市：知青頻道出版；
紅螞蟻圖書發行，2011.6
面　　公分－－（Perusing；8）
ISBN 978-986-6276-85-9（平裝）

1.親職教育 2.親子溝通 3.說話藝術

528.2　　　　100010271

Perusing 08

好父母必修的八堂說話課

作　　者／楊欣欣
美術構成／Chris' office
校　　對／周英嬌、楊安妮
發 行 人／賴秀珍
榮譽總監／張錦基
總 編 輯／何南輝
出　　版／知青頻道出版有限公司
發　　行／紅螞蟻圖書有限公司
地　　址／台北市內湖區舊宗路二段121巷28號4F
網　　站／www.e-redant.com
郵撥帳號／1604621-1　紅螞蟻圖書有限公司
電　　話／(02)2795-3656（代表號）
傳　　真／(02)2795-4100
登 記 證／局版北市業字第796號
港澳總經銷／和平圖書有限公司
地　　址／香港柴灣嘉業街12號百樂門大廈17F
電　　話／(852)2804-6687
法律顧問／許晏賓律師
印 刷 廠／鴻運彩色印刷有限公司
出版日期／2011年 6 月　第一版第一刷

定價 280 元　港幣 93 元

ISBN 978-986-6276-85-9　　**Printed in Taiwan**